同治嵊縣志 1

紹興大典

史部

中華書局

圖書在版編目(CIP)數據

(同治)嵊縣志 / (清)嚴思忠,(清)陳仲麟修;(清)蔡以瑺等纂. —北京:中華書局,2024.6
(紹興大典·史部)
ISBN 978-7-101-16628-6

Ⅰ.同… Ⅱ.①嚴… ②陳… ③蔡… Ⅲ.嵊縣—地方志—清代 Ⅳ.K295.54

中國國家版本館 CIP 數據核字 (2024) 第 100395 號

書　　名	(同治)嵊縣志(全五册)
叢 書 名	紹興大典·史部
修　　者	〔清〕嚴思忠　陳仲麟
纂　　者	〔清〕蔡以瑺 等
項目策劃	許旭虹
責任編輯	梁五童
裝幀設計	許麗娟
責任印製	管　斌
出版發行	中華書局
	(北京市豐臺區太平橋西里38號 100073)
	http: // www. zhbc. com. cn
	E-mail: zhbc@zhbc. com. cn
印　　刷	天津藝嘉印刷科技有限公司
版　　次	2024年6月第1版
	2024年6月第1次印刷
規　　格	開本787×1092毫米　1/16
	印張168¾
國際書號	ISBN 978-7-101-16628-6
定　　價	1980.00元

學術顧問（按姓氏筆畫排序）

安平秋　李　岩　吴　格
袁行霈　張志清　葛劍雄
樓宇烈

編纂工作指導委員會

主　　任　盛閲春（二〇二二年九月至二〇二三年一月在任）

　　　　　温　暖　施惠芳　肖啓明　熊遠明

第一副主任　丁如興

副 主 任　陳偉軍　汪俊昌　馮建榮

成　　員（按姓氏筆畫排序）

　　　　　王静静　朱全紅　沈志江　金水法　俞正英

　　　　　胡華良　茹福軍　徐　軍　陳　豪　黄旭榮

　　　　　裘建勇　樓　芳　魯霞光　魏建東

編纂委員會

序

紹興是國務院公布的首批中國歷史文化名城，是中華文明的多點起源地之一和越文化的發祥、壯大之地。從嵊州小黄山遺址迄今，已有一萬多年的文化史；從大禹治水迄今，已有四千多年的文明史；從越國築句踐小城和山陰大城迄今，已有兩千五百多年的建城史。建炎四年（一一三〇），宋高宗駐蹕越州，取義「紹奕世之宏庥，興百年之丕緒」，次年改元紹興，賜名紹興府，領會稽、山陰、蕭山、諸暨、餘姚、上虞、嵊、新昌等八縣。元改紹興路，明初復爲紹興府，清沿之。

紹興坐陸面海，嶽峙川流，風光綺麗，物産富饒，民風淳樸，士如過江之鯽，彬彬稱盛。春秋末越國有「八大夫」佐助越王卧薪嘗膽，力行「五政」，崛起東南，威續戰國，四分天下有其一，成就越文化的第一次輝煌。秦漢一統後，越文化從尚武漸變崇文。晋室東渡，北方士族大批南遷，王、謝諸大家紛紛遷居於此，一時人物之盛，雲蒸霞蔚，學術與文學之盛冠於江左，給越文化注入了新的活力。唐時的越州是詩人行旅歌詠之地，形成一條江南唐詩之路。至宋代，尤其是宋室南遷後，越中理學繁榮，文學昌盛，領一時之先。明代陽明心學崛起，這一時期的越文化，宣導致良知、知行合一，重於事功，伴隨而來的是越中詩文、書畫、戲曲的興盛。明清易代，有劉宗周等履忠蹈義，慷慨赴死，亦有黄宗羲率其門人，讀書窮經，關注世用，成其梨洲一派。至清中葉，會稽章學誠等人紹承梨洲之學而開浙東史學之新局。晚清至現代，越中知識分子心懷天下，秉持先賢「膽劍精神」，再次站在歷史變革的潮頭，蔡元培、魯迅等人「開拓越學」，使紹興成爲新文化運動和新民主主義革命的重要陣地。越文化兼容並包，與時偕變，勇於創新，隨着中國社會歷史的變遷，無論其内涵和特質發生何種變化，均以其獨特、强盛的生命力，推動了中華文明的發展。

文獻典籍承載着廣博厚重的精神財富、生生不息的歷史文脉。紹興典籍之富，甲於東南，號爲文獻之邦。從兩漢到魏晋再至近現代，紹興人留下了浩如煙海、綿延不斷的文獻典籍。陳橋驛先生在《紹興地方文獻考録·前言》中説：「紹興是我國歷史上地方文獻最豐富的地方之一。」有我國地方志的開山之作《越絶書》，有唯物主義的哲學巨著《論衡》，有書法藝術和文學價值均登峰造極的《蘭亭集序》，有詩爲「中興之冠」的陸游《劍南詩稿》，有輯録陽明心學精義的儒學著作《傳習録》等，這些文獻，不僅對紹興一地具有重要價值，對浙江乃至全國來説，也有深遠意義。

紹興藏書文化源遠流長。歷史上的藏書家多達百位，知名藏書樓不下三十座，其中以澹生堂最爲著名，藏書十萬餘卷。近現代，紹興又首開國内公共圖書館之先河。光緒二十六年（一九〇〇），紹興鄉紳徐樹蘭獨力捐銀三萬餘兩，圖書七萬餘卷，創辦國内首個公共圖書館——古越藏書樓。越中多名士，自也與藏書聚書風氣有關。

習近平總書記强調，「我們要加强考古工作和歷史研究，讓收藏在博物館裏的文物、陳列在廣闊大地上的遺産、書寫在古籍裏的文字都活起來，豐富全社會歷史文化滋養」。黨的十八大以來，黨中央站在實現中華民族偉大復興的高度，對傳承和弘揚中華優秀傳統文化作出一系列重大决策部署。中共中央辦公廳、國務院辦公廳二〇一七年一月印發了《關於實施中華優秀傳統文化傳承發展工程的意見》，二〇二二年四月又印發了《關於推進新時代古籍工作的意見》。

盛世修典，是中華民族的優秀傳統，是國家昌盛的重要象徵。近年來，紹興地方文獻典籍的利用呈現出多層次、多方位探索的局面，從文史界到全社會都在醞釀進一步保護、整理、開發、利用紹興歷史文獻的措施，形成了廣泛共識。中共紹興市委、市政府深入學習貫徹習近平總書記重要指示精神，積極響應國家重大戰略部署，以提振紹興人文氣運的文化自覺和存續一方文脉的歷史擔當，作出了編纂出版《紹興大典》的重大決定，計劃用十年時間，系統、全面、客觀梳理紹興文化傳承脉絡，收集、整理、編纂、出版紹興地方歷史文獻。二〇二二年十月，中共紹興市委辦公室、紹興市人民政府辦公室印發《關於〈紹興大典〉編纂出版工作實施方案的通知》。自此，《紹興大典》編纂出版各項工作開始有序推進。

百餘年前，魯迅先生提出「開拓越學，俾其曼衍，至於無疆」的願景，今天，我們繼先賢之志，實施紹興歷史上前無古人的文化工程，希冀通過《紹興大典》的編纂出版，從浩瀚的紹興典籍中尋找歷史印記，從豐富的紹興文化中挖掘鮮活資源，從悠遠的紹興歷史中把握發展脉絡，古爲今用，繼往開來，爲新時代「文化紹興」建設注入强大動力。我們將懷敬畏之心，以古人「三不朽」的立德修身要求，爲紹興這座中國歷史文化名城和「東亞文化之都」立傳畫像，爲全世界紹興人築就恒久的精神家園。

是爲序。

温暖

二〇二三年十月

前言

越國故地，是中華文明的重要起源地，中華優秀傳統文化的重要貢獻地，中華文獻典籍的重要誕生地。紹興，是越國古都，國務院公布的第一批歷史文化名城。編纂出版《紹興大典》，是綿延中華文獻之大計，弘揚中華文化之良策，傳承中華文明之壯舉。

一

紹興有源遠流長的文明，是中華文明的縮影。

中國有百萬年的人類史，一萬年的文化史，五千多年的文明史。中華文明，是中華民族長期實踐的積累，集體智慧的結晶，不斷發展的産物。各個民族，各個地方，都爲中華文明作出了自己獨具特色的貢獻。紹興人同樣爲中華文明的起源與發展，作出了自己傑出的貢獻。

現代考古發掘表明，早在約十六萬年前，於越先民便已經在今天的紹興大地上繁衍生息。二〇一七年初，在嵊州崇仁安江村蘭山廟附近，出土了於越先民約十六萬年前使用過的打製石器〔一〕。這是曹娥江流域首次發現的舊石器遺存，爲探究這一地區中更新世晚期至晚更新世早期的人類活動、

〔一〕陸瑩等撰《浙江蘭山廟舊石器遺址網紋紅土釋光測年》，《地理學報》英文版，二〇二〇年第九期，第一四三六至一四五〇頁。

華南地區與現代人起源的關係、小黄山遺址的源頭等提供了重要綫索。

距今約一萬至八千年的嵊州小黄山遺址〔一〕，於二〇〇六年與上山遺址一起，被命名爲上山文化。該遺址中的四個重大發現，引人矚目：一是水稻實物的穀粒印痕遺存，以及儲藏坑、鐮形器、石磨棒、石磨盤等稻米儲存空間與收割、加工工具的遺存；二是種類與器型衆多的夾砂、夾炭、夾灰紅衣陶與黑陶等遺存；三是我國迄今發現的最早的立柱建築遺存，以及石杵立柱遺存；四是我國新石器時代遺址中迄今發現的最早的石雕人首。

蕭山跨湖橋遺址出土的山茶種實，表明於越先民在八千多年前已開始對茶樹及茶的利用與探索〔二〕。距今約六千年前的餘姚田螺山遺址發現的山茶屬茶樹根遺存，有規則地分布在聚落房屋附近，特別是其中出土了一把與現今茶壺頗爲相似的陶壺，表明那時的於越先民已經在有意識地種茶用茶了〔三〕。

對美好生活的嚮往無止境，創新便無止境。於越先民在一萬年前燒製出世界上最早的彩陶的基礎上〔四〕，經過數千年的探索實踐，終於在夏商之際，燒製出了人類歷史上最早的原始瓷〔五〕；繼而又在東漢時，燒製出了人類歷史上最早的成熟瓷。現代考古發掘表明，漢時越地的窑址，僅曹娥江兩岸的上虞，就多達六十一處〔六〕。

中國是目前發現早期稻作遺址最多的國家，是世界上最早發現和利用茶樹的國家，更是瓷器的故

〔一〕浙江省文物考古研究所編《上山文化：發現與記述》，文物出版社二〇一六年版，第七一頁。
〔二〕浙江省文物考古研究所、蕭山博物館編《跨湖橋》，文物出版社二〇〇四年版，彩版四五。
〔三〕北京大學中國考古學研究中心、浙江省文物考古研究所編《田螺山遺址自然遺存綜合研究》，文物出版社二〇一一年版，第一一七頁。
〔四〕孫瀚龍、趙曄著《浙江史前陶器》，浙江人民出版社二〇二二年版，第三頁。
〔五〕鄭建華、謝西營、張馨月著《浙江古代青瓷》，浙江人民出版社二〇二二年版，上册，第四頁。
〔六〕宋建明主編《早期越窑——上虞歷史文化的豐碑》，中國書店二〇一四年版，第二四頁。

鄉。《（嘉泰）會稽志》卷十七記載「會稽之産稻之美者，凡五十六種」，稻作文明的進步又直接促成了紹興釀酒業的發展。同卷又單列「日鑄茶」一條，釋曰「日鑄嶺在會稽縣東南五十五里，嶺下有僧寺名資壽，其陽坡名油車，朝暮常有日，産茶絶奇，故謂之日鑄」。可見紹興歷史上物質文明之發達，真可謂「天下無儔」。

二

紹興有博大精深的文化，是中華文化的縮影。

文化是一條源遠流長的河，流過昨天，流到今天，還要流向明天。悠悠萬事若曇花一現，唯有文化與日月同輝。

大量的歷史文獻與遺址古迹表明，四千多年前，大禹與紹興結下了不解之緣。大禹治平天下之水，漸九川，定九州，至於諸夏乂安，《史記·夏本紀》載：「禹會諸侯江南，計功而崩，因葬焉，命曰會稽。會稽者，會計也。」裴駰注引《皇覽》曰：「禹冢在山陰縣會稽山上。會稽山本名苗山，在縣南，去縣七里。」《（嘉泰）會稽志》卷六「大禹陵」：「禹巡守江南，上苗山，會稽諸侯，死而葬焉。……劉向書云：禹葬會稽，不改其列，謂不改林木百物之列也。苗山自禹葬後，更名會稽。是山之東，有隴隱若劍脊，西嚮而下，下有窆石，或云此正葬處。」另外，大禹在以會稽山爲中心的越地，還有一系列重大事迹的記載，包括娶妻塗山、得書宛委、畢功了溪、誅殺防風、禪祭會稽、築治邑室等。

以至越王句踐，「其先禹之苗裔，而夏后帝少康之庶子也，封於會稽，以奉守禹之祀」（《史記·越王句踐世家》）。句踐的功績，集中體現在他一系列的改革舉措以及由此而致的强國大業上。

他創造了「法天象地」這一中國古代都城選址與布局的成功範例，奠定了近一個半世紀越國號稱天下强國的基礎，造就了紹興發展史上的第一個高峰，更實現了東周以來中國東部沿海地區暨長江下游地區的首次一體化，讓人們在數百年的分裂戰亂當中，依稀看到了一統天下的希望，爲後來秦始皇統一中國，建立真正大一統的中央政權，進行了區域性的準備。因此，司馬遷稱：「苗裔句踐，苦身焦思，終滅强吴，北觀兵中國，以尊周室，號稱霸王。句踐可不謂賢哉！蓋有禹之遺烈焉。」

千百年來，紹興涌現出了諸多譽滿海内、雄稱天下的思想家，他們的著述世不絶傳，遺澤至今，他們的思想卓犖英發、光彩奪目。哲學領域，聚諸子之精髓，啓後世之思想。政治領域，以家國之情懷，革社會之弊病。經濟領域，重生民之生業，謀民生之大計。教育領域，育天下之英才，啓時代之新風。史學領域，創史志之新例，傳千年之文脉。

紹興是中國古典詩歌藝術的寶庫。四言詩《候人歌》被稱爲「南音之始」。於越《彈歌》是我國文學史上僅存的二言詩。《越人歌》是越地的第一首情歌、中國的第一首譯詩。山水詩的鼻祖，是上虞人謝靈運。唐代，這裏涌現出了賀知章等三十多位著名詩人。宋元時，這裏出了别開詩歌藝術天地的陸游、王冕、楊維楨。

紹興是中國傳統書法藝術的故鄉。鳥蟲書與《會稽刻石》中的小篆，影響深遠。中國的文字成爲藝術品之習尚，文字由書寫轉向書法，是從越人的鳥蟲書開始的。而自王羲之《蘭亭序》之後，紹興更是成爲中國書法藝術的聖地。翰墨碑刻，代有名家精品。

紹興是中國古代繪畫藝術的重鎮。世界上最早彩陶的燒製，展現了越人的審美情趣。「文身斷髮」與「鳥蟲書」，實現了藝術與生活最原始的結合。戴逵與戴顒父子、僧仲仁、王冕、徐渭、陳洪綬、趙之謙、任熊、任伯年等在中國繪畫史上有開宗立派的地位。

一九一二年一月，魯迅爲紹興《越鐸日報》創刊號所作發刊詞中寫道：「於越故稱無敵於天下，海岳精液，善生俊異，後先絡繹，展其殊才；其民復存大禹卓苦勤勞之風，同句踐堅確慷慨之志，力作治生，綽然足以自理。」可見，紹興自古便是中華文化的重要發源地與傳承地，紹興人更是世代流淌着「卓苦勤勞」「堅確慷慨」的精神血脉。

三

紹興有琳琅滿目的文獻，是中華文獻的縮影。

自有文字以來，文獻典籍便成了人類文明與人類文化的基本載體。紹興地方文獻同樣爲中華文明與中華文化的傳承發展，作出了傑出的貢獻。

中華文明之所以成爲世界上唯一沒有中斷、綿延至今、益發輝煌的文明，在於因文字的綿延不絕而致的文獻的源遠流長、浩如煙海。中華文化之所以成爲中華民族有別於世界上其他任何民族的顯著特徵並流傳到今天，靠的是中華兒女一代又一代的言傳身教、口口相傳，更靠的是文獻典籍一代又一代的忠實書寫、守望相傳。

無數的甲骨、簡牘、古籍、拓片等中華文獻，無不昭示着中華文明的光輝燦爛、欣欣向榮，無不昭示着中華文化的廣博淵綜、蒸蒸日上。它們既是中華文明與中華文化的基本載體，又是中華文明與中華文化的重要組成部分，是十分重要的物質文化遺產。

紹興地方文獻作爲中華文獻重要的組成部分，積澱極其豐厚，特色十分明顯。

（一）文獻體系完備

紹興的文獻典籍根基深厚，載體體系完備，大體經歷了四個階段的歷史演變。

一是以刻符、紋樣、器型爲主的史前時代。代表性的，有作爲上山文化的小黄山遺址中出土的彩陶上的刻符、印紋、圖案等。

二是以金石文字爲主的銘刻時代。代表性的，有越國時期玉器與青銅劍上的鳥蟲書等銘文、秦《會稽刻石》、漢「大吉」摩崖、漢魏六朝時的會稽磚甓銘文與會稽青銅鏡銘文等。

三是以雕版印刷爲主的版刻時代。代表性的，有中唐時期越州刊刻的元稹、白居易的詩集。唐長慶四年（八二四），浙東觀察使兼越州刺史元稹，在爲時任杭州刺史的好友白居易《白氏長慶集》所作的序言中寫道：「揚、越間多作書模勒樂天及予雜詩，賣於市肆之中也。」這是有關中國刊印書籍的最早記載之一，説明越地開創了「模勒」這一雕版印刷的風氣之先。宋時，兩浙路茶鹽司等機關和紹興府、紹興府學等，競相刻書，版刻業快速繁榮，紹興成爲兩浙乃至全國的重要刻書地，所刻之書多稱「越本」「越州本」。明代，紹興刊刻呈現出了官書刻印多、鄉賢先哲著作和地方文獻多、私家刻印特色叢書多的特點。清代至民國，紹興整理、刊刻古籍叢書成風，趙之謙、平步青、徐友蘭、章壽康、羅振玉等，均有大量輯刊，蔡元培早年應聘於徐家校書達四年之久。

四是以機器印刷爲主的近代出版時期。這一時期呈現出傳統技術與西方新技術並存、傳統出版物與維新圖强讀物並存的特點。代表性的出版機構，在紹興的有徐友蘭於一八六二年創辦的墨潤堂等。另外，吴隱於一九〇四年參與創辦了西泠印社；紹興人沈知方於一九一二年參與創辦了中華書局，還於一九一七年創辦了世界書局。代表性的期刊，有羅振玉於一八九七年在上海創辦的《農學報》，杜亞泉於一九〇一年在上海創辦的《普通學報》，羅振玉於一九〇一年在上海發起、王國維主筆的《教育世界》，杜亞泉等於一九〇二年在上海編輯的《中外算報》，秋瑾於一九〇七年在上海創辦的《中國女報》等。代表性的報紙，有蔡元培於一九〇三年在上海創辦的《俄事警聞》等。

紹興文獻典籍的這四個演進階段，既相互承接，又各具特色，充分彰顯了走在歷史前列、引領時代潮流的特徵，總體上呈現出了載體越來越多元、内涵越來越豐富、傳播越來越廣泛、對社會生活的影響越來越深遠的歷史趨勢。

（二）藏書聲聞華夏

紹興歷史上刻書多，便爲藏書提供了前提條件，因而藏書也多。大禹曾「登宛委山，發金簡之書，案金簡玉字，得通水之理」（《吴越春秋》卷六），還「巡狩大越，見耆老，納詩書」（《越絶書》卷八），這是紹興有關采集收藏圖書的最早記載。句踐曾修築「石室」藏書，「晝書不倦，晦誦竟旦」（《越絶書》卷十二）。

造紙術與印刷術的發明和推廣，使得書籍可以成批刷印，爲藏書提供了極大便利。王充得益於藏書資料，寫出了不朽的《論衡》。南朝梁時，山陰人孔休源「聚書盈七千卷，手自校治」（《梁書·孔休源傳》），成爲紹興歷史上第一位有明文記載的藏書家。唐代時，越州出現了集刻書、藏書、讀書於一體的書院。五代十國時，南唐會稽人徐鍇精於校勘，雅好藏書，「江南藏書之盛，爲天下冠，鍇力居多」（《南唐書·徐鍇傳》）。

宋代雕版印刷術日趨成熟，爲書籍的化身千百與大規模印製創造了有利條件，也爲藏書提供了更多來源。特別是宋室南渡、越州升爲紹興府後，更是出現了以陸氏、石氏、李氏、諸葛氏等爲代表的藏書世家。陸游曾作《書巢記》，稱「吾室之内，或棲於櫝，或陳於前，或枕藉於床，俯仰四顧，無非書者」。《（嘉泰）會稽志》中專設《藏書》一目，説明了當時藏書之風的盛行。元時，楊維楨「積書數萬卷」（《鐵笛道人自傳》）。

明代藏書業大發展，出現了鈕石溪的世學樓等著名藏書樓。其中影響最大的藏書家族，當數山陰祁氏；影響最大的藏書樓，當數祁承爜創辦的澹生堂，至其子彪佳時，藏書達三萬多卷。

清代是紹興藏書業的鼎盛時期，有史可稽者凡二十六家，諸如章學誠、李慈銘、陶濬宣等。上虞王望霖建天香樓，藏書萬餘卷，尤以藏書家之墨迹與鈎摹鐫石聞名。徐樹蘭創辦的古越藏書樓，以存古開新爲宗旨，以資人觀覽爲初心，成爲中國近代第一家公共圖書館。

民國時，代表性的紹興藏書家與藏書樓有：羅振玉的大雲書庫、徐維則的初學草堂、蔡元培創辦的養新書藏、王子餘開設的萬卷書樓、魯迅先生讀過書的三味書屋等。

根據二〇一六年完成的古籍普查結果，紹興全市十家公藏單位，共藏有一九一二年以前産生的中國傳統裝幀書籍與民國時期的傳統裝幀書籍三萬九千七百七十七種、二十二萬六千一百二十五册，分别占了浙江省三十三萬七千四百零五種的百分之十一點七九、二百五十萬六千六百三十三册的百分之九點零二。這些館藏的文獻典籍，有不少屬於名人名著，其中包括在别處難得見到的珍稀文獻。這是紹興這個地靈人傑的文獻名邦確實不同凡響的重要見證。

一部紹興的藏書史，其實也是一部紹興人的讀書、用書、著書史。歷史上的紹興，刻書、藏書、讀書、用書、著書，良性循環，互相促進，成爲中國文化史上一道亮麗的風景。

（三）著述豐富多彩

紹興自古以來，論道立説、卓然成家者代見輩出，創意立言、名動天下者繼踵接武，歷朝皆有傳世之作，各代俱見槃槃之著。這些文獻，不僅對紹興一地有重要價值，而且也是浙江文化乃至中國古代文化的重要組成部分。

一是著述之風，遍及各界。越人的創作著述，文學之士自不待言，爲政、從軍、業賈者亦多喜筆耕，屢有不刊之著。甚至於鄉野市井之口頭創作、謡歌俚曲，亦代代敷演，蔚爲大觀，其中更是多有内藴厚重、哲理深刻、色彩斑斕之精品，遠非下里巴人，足稱陽春白雪。

二是著述整理，尤爲重視。越人的著述，包括對越中文獻乃至我國古代文獻的整理。宋孔延之的《會稽掇英總集》，清杜春生的《越中金石記》，近代魯迅的《會稽郡故書雜集》等，都是收輯整理地方文獻的重要成果。陳橋驛所著《紹興地方文獻考録》，是另一種形式的著述整理，其中考録一九四九年前紹興地方文獻一千二百餘種。清代康熙年間，紹興府山陰縣吴楚材、吴調侯叔侄選編的《古文觀止》，自問世以來，一直是古文啓蒙的必備書，也深受古文愛好者的推崇。

三是著述領域，相涉廣泛。越人的著述，涉及諸多領域。其中古代以經、史與諸子百家研核之作爲多，且基本上涵蓋了經、史、子、集的各個分類，近現代以文藝創作爲多，當代則以科學研究論著爲多。這也體現了越中賢傑經世致用、與時俱進的家國情懷。

四

盛世修典，承古啓新，以「紹興」之名，行紹興之實。

紹興這個名字，源自宋高宗的升越州爲府，並冠以年號，時在紹興元年（一一三一）的十月廿六日。這是對這座城市傳統的畫龍點睛。紹興這兩個字合在一起，藴含的正是承繼前業而壯大之、開創未來而昌興之的意思。數往而知來，今天的紹興人正賦予這座城市、這個名字以新的意藴，那就是繼承中華優秀傳統文化，建設中華民族現代文明，爲實現中華民族偉大復興，作出自己新的更大的貢獻。

編纂出版《紹興大典》，正是紹興地方黨委、政府文化自信、文化自覺的體現，是集思廣益、精心實施的德政，是承前啓後、繼往開來的偉業。

（一）科學的決策

《紹興大典》的編纂出版，堪稱黨委、政府科學決策的典範。二〇二〇年十二月十一日，中共紹興市委八屆九次全體（擴大）會議審議通過了關於紹興市「十四五」規劃和二〇三五年遠景目標的建議，其中首次提出要啓動《紹興大典》的編纂出版工作。

二〇二一年二月五日，紹興市第八屆人民代表大會第六次會議批准了市政府根據市委建議編製的紹興市「十四五」規劃和二〇三五年遠景目標綱要，其中又專門寫到要啓動《紹興大典》的編纂出版工作。二月八日，紹興市人民政府正式印發了這個重要文件。

二〇二二年二月二十八日的中共紹興市第九次代表大會市委工作報告與三月三十日的紹興市九届人大一次會議政府工作報告，均對編纂出版《紹興大典》提出了要求。

二〇二二年九月十五日，紹興市人民政府第十一次常務會議專題聽取了《〈紹興大典〉編纂出版工作實施方案》起草情况的匯報，決定根據討論意見對實施意見進行修改完善後，提交市委常委會議審議。九月十六日，中共紹興市委九届二十次常委會議專題聽取《〈紹興大典〉編纂出版工作實施方案》起草情況的匯報，並進行了討論，決定批准這個方案。十月十日，中共紹興市委辦公室、紹興市人民政府辦公室正式印發了《〈紹興大典〉編纂出版工作實施方案》。

（二）嚴謹的體例

在中共紹興市委、紹興市人民政府研究批准的實施方案中，《紹興大典》編纂出版的各項相關事宜，均得以明確。

一是主要目標。系統、全面、客觀梳理紹興文化傳承脉絡，收集、整理、編纂、研究、出版紹興地方文獻，使《紹興大典》成爲全國鄉邦文獻整理編纂出版的典範和紹興文化史上的豐碑，爲努力打造「文獻保護名邦」「文史研究重鎮」「文化轉化高地」三張紹興文化的金名片作出貢獻。

二是收録範圍。《紹興大典》收録的時間範圍爲：起自先秦時期，迄至一九四九年九月三十日，部分文獻酌情下延。地域範圍爲：今紹興市所轄之區、縣（市），兼及歷史上紹興府所轄之蕭山、餘姚。内容範圍爲：紹興人的著述，域外人士有關紹興的著述，歷史上紹興刻印的古籍善本和紹興收藏的珍稀古籍善本。

三是編纂方法。對所録文獻典籍，按經、史、子、集和叢五部分類方法編纂出版。

根據實施方案明確的時間安排與階段劃分，在具體編纂工作中，采用先易後難、先急後緩，邊編纂出版、邊深入摸底的方法。即先編纂出版情況明瞭、現實急需的典籍，與此同時，對面上的典籍情況進行深入的摸底調查。這樣的方法，既可以用最快的速度出書，以滿足保護之需、利用之需，又可以爲一些難題的破解争取時間；既可以充分發揮我國實力最强的專業古籍出版社中華書局的編輯出版優勢，又可以充分借助與紹興相關的典籍一半以上收藏於我國古代典籍收藏最爲宏富的國家圖書館的優勢。這是最大限度地避免時間與經費上的重複浪費的方法，也是地方文獻編纂出版工作方法上的創新。

另外，還將適時延伸出版《紹興大典·要籍點校叢刊》《紹興大典·文獻研究叢書》《紹興大典·善本影真叢覽》等。

（三）非凡的意義

正如紹興的文獻典籍在中華文獻典籍史上具有重要的影響那樣，編纂出版《紹興大典》的意義，同樣也是非同尋常的。

一是編纂出版《紹興大典》，對於文獻典籍的更好保護——活下來，具有非同尋常的意義。歷史上的文獻典籍，是中華文明歷經滄桑留下的最寶貴的東西。然而，這些瑰寶或因天災人禍，或因自然老化，或因使用過度，或因其他緣故，有不少已經處於岌岌可危甚至奄奄一息的境況。

編纂出版《紹興大典》，可以爲系統修復、深度整理這些珍貴的古籍争取時間；可以最大限度呈現底本的原貌，緩解藏用的矛盾，更好地方便閱讀與研究。這是文獻典籍眼下的當務之急，最好的續命之舉。

二是編纂出版《紹興大典》，對於文獻典籍的更好利用——活起來，具有非同尋常的意義。歷史上的文獻典籍，流傳到今天，實屬不易，殊爲難得。它們雖然大多保存完好，其中不少還是善本，但分散藏於公私，積久塵封，世人難見；也有的已成孤本，或至今未曾刊印，僅有稿本、抄本，秘不示人，無法查閱。

編纂出版《紹興大典》，將穿越千年的文獻、深度密鎖的秘藏、散落全球的珍寶匯聚起來，化身萬千，走向社會，走近讀者，走進生活，既可防它們失傳之虞，又可使它們嘉惠學林，也可使它們古爲今用，文旅融合，還可使它們延年益壽，推陳出新。這是於文獻典籍利用一本萬利、一舉多得的好事。

三是編纂出版《紹興大典》，對於文獻典籍的更好傳承——活下去，具有非同尋常的意義。歷史上的文獻典籍，能保存至今，是先賢們不惜代價，有的是不惜用生命爲代價換來的。對這些傳承至今的古籍本身，我們應當倍加珍惜。

編纂出版《紹興大典》，正是爲了述録先人的開拓，啓迪來者的奮鬥，使這些珍貴古籍世代相傳，使蘊藏在這些珍貴古籍身上的中華優秀傳統文化世代相傳。這是中華文化創造性轉化、創新性發展的通途所在。

編纂出版《紹興大典》，是紹興文化發展史上的曠古偉業。編成後的《紹興大典》，將成爲全國範圍内的同類城市中，第一部收録最爲系統、内容最爲豐贍、品質最爲上乘的地方文獻集成。

紹興這個地方，古往今來，都在不懈超越。超乎尋常，追求卓越。超越自我，超越歷史。《紹興大典》的編纂出版，無疑會是紹興文化發展史上的又一次超越。

道阻且長，行則將至；行而不輟，成功可期。「後之視今，亦猶今之視昔」；「後之覽者，亦將有感於斯文」（《蘭亭集序》）。讓我們一起努力吧！

馮建榮

二〇二三年六月十日，星期六，成稿於寓所

二〇二三年中秋、國慶假期，校改於寓所

編纂説明

紹興古稱會稽，歷史悠久。

大禹治水，畢功了溪，計功今紹興城南之茅山（苗山），崩後葬此，此山始稱會稽，此地因名會稽，距今四千多年。

大禹第六代孫夏后少康封庶子無餘於會稽，以奉禹祀，號曰「於越」，此爲吾越得國之始。《竹書紀年》載，成王二十四年，於越來賓。是亦此地史載之始。

距今兩千五百多年，越王句踐遷都築城於會稽山之北（今紹興老城區），是爲紹興建城之始，於今城不移址，海内罕有。

秦始皇滅六國，御海内，立郡縣，成定制。是地屬會稽郡，郡治爲吴縣，所轄大率吴越故地。東漢順帝永建四年（一二九），析浙江之北諸縣置吴郡，是爲吴越分治之始。會稽名仍其舊，郡治遷山陰。由隋至唐，會稽改稱越州，時有反復，至中唐後，「越州」遂爲定稱而至於宋。所轄時有增減，至五代後梁開平二年（九〇八），吴越析剡東十三鄉置新昌縣，自此，越州長期穩定轄領會稽、山陰、蕭山、諸暨、餘姚、上虞、嵊縣、新昌八邑。

建炎四年（一一三〇），宋高宗趙構駐蹕越州，取「紹奕世之宏庥，興百年之丕緒」之意，下詔從建炎五年正月改元紹興。紹興元年（一一三一）十月己丑升越州爲紹興府，斯地乃名紹興，沿用至今。

歷史的悠久，造就了紹興文化的發達。數千年來文化的發展、沉澱，又給紹興留下了燦爛的文化載體——鄉邦文獻。保存至今的紹興歷史文獻，有方志著作、家族史料、雜史輿圖、文人筆記、先賢文集、醫卜星相、碑刻墓誌、摩崖遺存、地名方言、檔案文書等不下三千種，可以説，凡有所録，應有盡有。這些文獻從不同角度記載了紹興的山川地理、風土人情、經濟發展、人物傳記、著述藝文等各個方面，成爲人們瞭解歷史、傳承文明、教育後人、建設社會的重要參考資料，其中許多著作不僅對紹興本地有重要價值，也是江浙文化乃至中華古代文化的重要組成部分。

紹興歷代文人對地方文獻的探尋、收集、整理、刊印等都非常重視，並作出過不朽的貢獻，陳橋驛先生就是代表性人物。正是在他的大力呼籲下，時任紹興縣政府主要領導作出了編纂出版《紹興叢書》的決策，爲今日《紹興大典》的編纂出版積累了經驗，奠定了基礎。

時至今日，爲貫徹落實習近平總書記系列重要講話精神，奮力打造新時代文化文明高地，重輝「文獻名邦」，中共紹興市委、市政府毅然作出編纂出版《紹興大典》的決策部署。延請全國著名學者樓宇烈、袁行霈、安平秋、葛劍雄、吴格、李岩、熊遠明、張志清諸先生參酌把關，與收藏紹興典籍最豐富的國家圖書館等各大圖書館以及專業古籍出版社中華書局展開深度合作，成立專門班子，精心規劃組織，扎實付諸實施。《紹興大典》是地方文獻的集大成之作，出版形式以紙質書籍爲主，同步開發建設數據庫。其基本内容，包括以下三方面：

一、《紹興大典》影印精裝本文獻大全。這方面内容囊括一九四九年前的紹興歷史文獻，收録的原則是「全而優」，也就是文獻求全收録；同一文獻比對版本優劣，收優斥劣。同時特别注重珍稀性、孤罕性、史料性。

《紹興大典》影印精裝本收録範圍：

時間範圍：起自先秦時期，迄至一九四九年九月三十日，部分文獻可酌情下延。

地域範圍：今紹興市所轄之區、縣（市），兼及歷史上紹興府所轄之蕭山、餘姚。

内容範圍：紹興人（本籍與寄籍紹興的人士、寄籍外地的紹籍人士）撰寫的著作，非紹興籍人士撰寫的與紹興相關的著作，歷史上紹興刻印的古籍珍本和紹興收藏的古籍珍本。

《紹興大典》影印精裝本編纂體例，以經、史、子、集、叢五部分類的方法，對收録範圍内的文獻，進行開放式收録，分類編輯，影印出版。五部之下，不分子目。

經部：主要收録經學（含小學）原創著作；經校勘校訂，校注校釋，疏、證、箋、解、章句等的經學名著；爲紹籍經學家所著經學著作而撰的著作，等等。

史部：主要收録紹興地方歷史書籍，重點是府縣志、家史、雜史等三個方面的歷史著作。

子部：主要收録專業類書，比如農學類、書畫類、醫卜星相類、儒釋道宗教類、陰陽五行類、傳奇類、小説類，等等。

集部：主要收録詩賦文詞曲總集、别集、專集，詩律詞譜，詩話詞話，南北曲韻，文論文評，等等。

叢部：主要收録不入以上四部的歷史文獻遺珍、歷史文物和歷史遺址圖録彙總、戲劇曲藝脚本、報章雜志、音像資料等。不收傳統叢部之文叢、彙編之類。

《紹興大典》影印精裝本在收録、整理、編纂出版上述文獻的基礎上，同時進行書目提要的撰寫，並細編索引，以起到提要鉤沉、方便實用的作用。

二、《紹興大典》點校研究及珍本彙編。主要是《紹興大典》影印精裝本的延伸項目，形成三個成果，即《紹興大典・要籍點校叢刊》《紹興大典・文獻研究叢書》《紹興大典・善本影真叢覽》三叢。選取影印出版文獻中的要籍，組織專家分專題開展點校等工作，排印出版《紹興大典・要籍點校叢刊》；及時向社會公布推出出版文獻書目，開展《紹興大典》收録文獻研究，分階段出版研究成果《紹興大典・文獻研究叢書》；選取品相完好、特色明顯、内容有益的優秀文獻，原版原樣綫裝影印出版《紹興大典・善本影真叢覽》。

三、《紹興大典》文獻數據庫。以《紹興大典》影印精裝本和《紹興大典・要籍點校叢刊》《紹興大典・文獻研究叢書》《紹興大典・善本影真叢覽》三叢爲基幹構建。同時收録大典編纂過程中所涉其他相關資料，未用之版本，書佚目存之書目等，動態推進。

《紹興大典》編纂完成後，應該是一部體系完善、分類合理、全優兼顧、提要鮮明、檢索方便的大型文獻集成，必將成爲地方文獻編纂的新範例，同時助力紹興打造完成「歷史文獻保護名邦」「地方文史研究重鎮」「區域文化轉化高地」三張文化金名片。

《紹興大典》在中共紹興市委、市政府領導下組成編纂工作指導委員會，組織實施並保障大典工程的順利推進，同時組成由紹興市爲主導、國家圖書館和中華書局爲主要骨幹力量、各地專家學者和圖書館人員爲輔助力量的編纂委員會，負責具體的編纂工作。

《紹興大典》編纂委員會

二〇二三年五月

史部編纂説明

紹興自古重視歷史記載，在現存數千種紹興歷史文獻中，史部著作占有極爲重要的位置。因其内容豐富、體裁多樣、官民兼撰的特點，成爲《紹興大典》五大部類之一，而别類專纂，彙簡成編。

按《紹興大典·編纂説明》規定：「以經、史、子、集、叢五部分類的方法，對收録範圍内的文獻，進行開放式收録，分類編輯，影印出版。五部之下，不分子目。」「史部：主要收録紹興地方歷史書籍，重點是府縣志、家史、雜史等三個方面的歷史著作。」

紹興素爲方志之鄉，纂修方志的歷史較爲悠久。據陳橋驛《紹興地方文獻考録》（浙江人民出版社，一九八三年版）統計，僅紹興地區方志類文獻就「多達一百四十餘種，目前尚存近一半」。在最近三十多年中，紹興又發現了不少歷史文獻，堪稱卷帙浩繁。

據《紹興大典》編纂委員會多方調查掌握的信息，府縣之中，既有最早的府志——南宋二志《（嘉泰）會稽志》和《（寶慶）會稽續志》，也有最早的縣志——宋嘉定《剡録》；既有耳熟能詳的《（萬曆）紹興府志》，也有海内孤本《（嘉靖）山陰縣志》；更有寥若晨星的《永樂大典》本《紹興府志》，等等。存世的紹興府縣志，明代纂修並存世的萬曆爲最多，清代纂修並存世的康熙爲最多。

家史資料是地方志的重要補充，紹興地區家史資料豐富，《紹興家譜總目提要》共收録紹興相關家譜資料三千六百七十九條，涉及一百七十七個姓氏。據二〇〇六年《紹興叢書》編委會對上海圖書館藏紹興文獻的調查，上海圖書館館藏的紹興家史譜牒資料有三百多種，據紹興圖書館最近提供的信息，其館藏譜牒資料有二百五十多種，一千三百七十八册。紹興人文薈萃，歷來重視繼承弘揚耕讀傳統，家族中尤以登科進仕者爲榮，每見累世科甲、甲第連雲之家族，如諸暨花亭五桂堂黄氏、山陰狀元坊張氏，等等。家族中每有中式，必進祠堂，祭祖宗，禮神祇，乃至重纂家乘。因此纂修家譜之風頗盛，聯宗聯譜，聲氣相通，呼應相求，以期相將相扶，百世其昌，因此留下了浩如煙海、簡册連編的家史譜牒資料。家史資料入典，將遵循「姓氏求全，譜目求全，譜牒求優」的原則遴選。

雜史部分是紹興歷史文獻中内容最豐富、形式最多樣、撰者最衆多、價值極珍貴的部分。記載的内容無比豐富，撰寫的體裁多種多樣，留存的形式面目各異。其中私修地方史著作，以東漢袁康、吴平所輯的《越絶書》及稍後趙曄的《吴越春秋》最具代表性，是紹興現存最早較爲系統完整的史著。

雜史部分的歷史文獻，有非官修的專業志、地方小志，如《三江所志》《倉帝廟志》《螭陽志》等；有以韻文形式撰寫的如《山居賦》《會稽三賦》等；有碑刻史料如《會稽刻石》《龍瑞宫刻石》等；有詩文游記如《沃洲雜詠》等；有珍貴的檔案史料如《明浙江紹興府諸暨縣魚鱗册》等；有名人日記如《祁忠敏公日記》《越縵堂日記》等；有綜合性的歷史著作如海内外孤本《越中雜識》等；也有鈎沉稽古的如《虞志稽遺》等。既有《救荒全書》《欽定浙江賦役全書》這樣專業的經濟史料，也有《越中八景圖》這樣的圖繪史料等。舉凡經濟、人物、教育、方言風物、名人日記等，應有盡有，不勝枚舉。尤以地理爲著，諸如山川風物、名勝古迹、水利關津、衛所武備、天文医卜等，莫不悉備。

這些歷史文獻，有的是官刻，有的是坊刻，有的是家刻。有特別珍貴的稿本、鈔本、寫本，也有珍稀孤罕首次面世的史料。由於《紹興大典》的編纂出版，這些文獻得以呈現在世人面前，俾世人充分深入地瞭解紹興豐富多彩的歷史文化。受編纂者學識見聞以及客觀條件之限制，難免有疏漏錯訛之處，祈望方家教正。

《紹興大典》編纂委員會
二〇二三年五月

同治嵊縣志 二十六卷，首末各一卷

〔清〕嚴思忠、陳仲麟修，〔清〕蔡以瑺等纂

清同治九年（一八七〇）刻本

影印説明

《（同治）嵊縣志》二十六卷，首末各一卷，清嚴思忠、陳仲麟修，清蔡以瑺等纂。清同治九年（一八七〇）刻本。半葉十行行二十一字，小字雙行同，白口，單魚尾，左右雙邊，有圖。原書版框尺寸高18.4釐米，寬13.8釐米。書前有海霈、嚴思忠、陳仲麟所作序言，另有修志名籍及例言。卷首爲圖考，卷末爲歷代修志舊序。

嚴思忠，江蘇丹徒人，咸豐九年（一八五九）舉人。同治七年（一八六八）任嵊縣知縣，在任被戕，入祀嵊縣名賢祠。陳仲麟，四川遂寧人，咸豐元年（一八五一）舉人。在嵊縣前任知縣嚴思忠所修縣志基礎上，主持完成此志。蔡以瑺，浙江蕭山人，同治七年會元，曾任翰林院庶吉士。

此次影印，以上海圖書館藏本爲底本。原書卷末缺第二十九、三十、三十一、三十二葉，現據同版本補。另據《中國地方志聯合目録》，國家圖書館、天津圖書館、南京圖書館、浙江圖書館和天一閣等亦有收藏。

越有嵊邑名昉於唐
宋因之平剡剡東兩
錄湮沒不傳惟宋嘉
定閒高氏出而志遂
成迨有明凡四脩至

萬歷周海門先生綜
核盡美於焉不朽我
朝風同道一採訪尤周康
熙間嗛令張君逢歡
乾隆間李君以交道

光間李君式圃先後
脩輯於是山川人物
一覽燦然洎咸豐辛
酉粵冦蔓延越東致
遭蹂躪冦既平漸次

經理民人安集廛市攘熙于今數年矣然邑志無存疇其掌故同治戊辰冬嚴君懷白權是邑倡議採輯

付梓商諸紳集資舉辦是役也始於己巳孟春秉筆者有蕭山蔡硯香孝廉昆仲諸君襄事者有本邑任

蕘香孝廬諸君靡不抗懷今古鉅製鴻裁嚴君咸羅致門下相與有成其書去取簡當分爲二十六卷惜

書未告竣而嚴君已没雖曰人事豈非天命哉越明年而志成其時宰嵊者仲令去而陳令仲麟詳加較

正焉余來守紹興披
閲郡志書缺有間嵊
一㝡爾邑記志述事
創首告成觀於此而
深嘉嚴君之達治體

請紳之成善夲也在事諸君囑余數言弁其首余不敏攝舉大略至其博採旁搜拾遺孜訂讀是志者固

能共賞之也夫何贅

同治十年歲次辛未

知紹興府事海霈撰

因革盛衰之故亦微矣哉古者外史掌四方之志達書名於四方至唐而有元和郡縣志後之志郡縣者仿焉嵊之有志則自高似孫剡錄始似孫迄今六百餘年其間山川風土文物典章

為因為革為烕為哀不知幾經
變易矣思忠於
天子戡定粵逆之明年筮仕於浙越
三年奉檄來兹土下車廵視幸
流亡漸復凋攰漸甦撫字餘閒
得以旁求掌故而所謂山川風

土文物典章其未登舊志者既
積久懼湮至稽察户口損益田
賦表揚忠義尤闕然有待輒自
奮曰此守土者責也以禮聘辛
酉所得士永興蔡庶常以瑋曁
其兄孝廉以瑩富陽朱解元彭

年
授館修輯而增損之邑人士之有文者佐之閱朞年而蕆事嗟乎史才之難也似孫之於嘉定徵引賅洽遺文軼事脈絡井井後之人猶有議者況在近代聞見日新而欲苞古酌今有典

有要豈非難之難歟夫嵊志之存於今者有宏治夏志萬歷周志康熙張志乾隆李志道光李志今距前志時又四十年矣屬遭兵燹舊鋟盡失苟守土者畏編晉之難不及時蒐討以明因

革盛衰之故將何以詔方來而求治鏡哉若夫成書之有當於史才與否亦俟後之覽者評之非思忠所敢知矣

同治九年歲次庚午仲春之月

知嵊縣事丹徒懷白嚴思忠序

國有史邑有志志史材也亦治
譜也民鏡於志以自治吏即本
志以出治察形勢稽戶口紀沿
革振愚頑闡燭幽隱考鑑得失
將於是乎在非徒以誇名勝摭
佳談也嵊環邑皆山扶輿磅礴

之氣獨鍾於是俗曰之其民樸且馴自南朝王謝二戴輩出代有聞人而醖閎相安政稱易治仲麟於庚午之夏奉檄涖茲土方以未聞民事爲慮甫下車得閱前令嚴公纂志稿本蠹簡鴻

編廣搜靡缺其於風土人情山川圖紀復羅列如指上紋舉而措之胳相合焉夫以仲麟之拙於從政得借助於志而所慮為未聞者一一以志治之誠哉志之有裨於吏治也且嵊志權輿

剡錄自宋迄今刪脩各異或限於條例或絀於文詞成編雖存善本蓋鮮加以辛酉之變鋟毀於兵簡殲於火守土者方葺堙堵濬溝渠闢污萊置舍宇之不遑何暇求掌故即是邦一二有

文之士又復以趍俎爲嫵遂令
義碣貞珉日湮没於西風禾黍
中而不可識别迨嚴公以撫字
之暇起任校讐禮羅名士相與
左右之雖卒業未臻而大楷已
備較之舊志繁者汰畧者增疑

者闕以待昔温公稱宋次道長
安河南二志雖因韋述舊記而
詳不啻十倍歎爲真博物書仲
麟於是志亦云且仲麟從諸君
子後終事纂脩並得快覩成書
以匡治體之不逮是仲麟固不

敢居功於志而志且大有功於仲麟也異日覽是志者有以自治即有以出治蒸蒸然上成
聖朝郅治之隆則是志且與史冊爭光一邑之譜云乎哉是又仲麟所厚望於来者

同治九年庚午仲冬月邑令遂寗陳仲麟序

重脩嵊縣志總目

卷首
圖攷
卷一
地理志　沿革　疆域　山川　古蹟
卷二
建置志　城池　署廨　倉廒　都里　市鎮
卷三
建置志　郵鋪　兵防　歷代戰守附
水利　橋渡　義渡菴茶亭路亭附
卷四

賦役志 戶口 田賦
卷五
學校志 學宮 陳設 樂懸 儀節 樂章 舞譜 祭器 樂器 舞器 佾額 獻官 執事 崇聖祠 學額 典籍 廟制考 忠孝義祠 節孝祠 名宦祠 鄉賢祠 鄉飲酒禮
卷六
學校志 書院 義塾 公田
卷七
祠祀志 壇廟 祠
卷八

祠祀志寺　院　觀　菴　墓域　義塚附

卷九

職官志縣令　縣丞　主簿　縣尉　典史
教諭　訓導　駐防　協防

卷十

職官志　畱績　名宦

卷十一

選舉志薦辟　進士　舉人　武科

卷十二

選舉志貢生　仕籍　保舉　職銜　武職
封蔭

卷十三

人物志　鄉賢

卷十四

人物志　儒林　文苑

卷十五

人物志　忠節　宦蹟　孝行

卷十六

人物志　義行　義烈

卷十七

人物志　隱逸　寓賢　仙釋　方技

卷十八

列女志　節孝

卷十九
列女志　節孝　貞烈

卷二十
風土志　風俗　物產

卷二十一
經籍志　經　史　子　集

卷二十二
文翰志　賦　疏　論　序　碑　墓誌銘

卷二十三

文翰志 記 雜著 補遺
卷二十四
文翰志 詩 官師 畱題 流寓
卷二十五
文翰志 詩 邑人 閨秀 方外
卷二十六
雜志 祥異 軼事 金石
卷末
舊序

嵊縣脩志名籍

纂脩

同知銜署嵊縣知縣嚴思忠 丹徒人己未舉人

同知銜嵊縣知縣陳仲麟 遂甯人辛亥舉人

協脩

署嵊縣教諭張晉榮 錢塘人廩貢

署嵊縣訓導趙廷夔 瑞安人辛酉舉人

參訂

揀選知縣蔡以瑩 蕭山人己未舉人

總纂

翰林院庶吉士蔡以瑞蕭山人戊辰會元

協纂

舉人朱彭年富陽人甲子解元

分纂

拔貢生錢登化邑人丁酉

試用訓導高振芳邑人稟貢

儘先選用並分發試用訓導馬化南邑人稟貢

候選訓導前署於潛縣教諭鄭宗濂邑人增貢

增廣生鄭忠孫邑人

增貢生樓鏡人邑人

選用縣丞黃晃邑人

鹽課使提舉銜候選直隸州州判袁子喬邑人辛酉拔貢

候選知縣魏邦翰邑人甲子並丁卯舉人

生員魏佺邑人

增廣生竺時醖邑人

舉人周寶瑔邑人戊午

舉人張德瑜邑人辛酉並壬戌

舉人裘黼成邑人甲子並丁卯

廩生茹會邑人

總校

舉人裘治成 邑人辛酉亞壬戌

附貢生劉炳輝 邑人

分校

歲貢生胡坦 邑人

署仙居縣訓導丁敬書 邑人附貢

署永康縣訓導喻坤 邑人增生

歲貢生尹汝諧 邑人

候選知縣呂清源 邑人增貢

附貢生王寅達 邑人

選用縣丞高承標 邑人生員

附貢生宋文藻邑人
生員童杰邑人
舉人王兆麟邑人辛酉並壬戌
內閣中書銜前署仙居縣訓導裘瀛戌邑人戊午副貢
試用訓導姚宗華邑人廩貢
廩生袁振緒邑人
廩生周淍東邑人
生員葉載陽邑人
採輯
舉人陳光佑邑人庚午

選用教諭黃化鵬邑人恩貢

同知銜裘坤邑人

附貢生張譽星邑人

增廣生錢化醕邑人

試用訓導丁敬仁邑人生員

廩貢生鍾慶祺邑人

附貢生王尊達邑人

生員支廷玠邑人

附貢生丁震邑人

歲貢生呂燮臣邑人

生員郭宗垣邑人

廩生孫佩琳邑人

廩生徐步瞻邑人

廩貢生陳藩邑人

選用訓導馬烜邑人

廩貢生裴鎮南邑人

廩生應文嶽邑人

生員錢守初邑人

選用縣丞周紀勳邑人生員

布政司理問銜張能紹邑人生員

選用訓導錢春苑 邑人增貢

貢生王錝鉦 邑人

附貢生王崧瑞 邑人

國子監典籍加六品銜裘鏡清 邑人

國學生王夢川 邑人

生員王鼓昕 邑人

生員吳瑞升 邑人

生員黃世芳 邑人

生員錢　智 邑人

生員吳雍琳 邑人

國學生單松濤邑人
布政司理問銜張德芬邑人
運同銜江蘇即補同知徐春榮邑人
州同銜邢沛邑人
布政司理問銜俞汝言邑人
生員李烱邑人
貢生魏鑑唐邑人
國學生俞作銘邑人
生員張錦春邑人
領局

舉人任　湘　邑人丁酉

協領

試用教諭錢鹿鳴　邑人恩貢

五品銜選用知縣馬　炯　邑人生員

五品銜江蘇補用府經歷署鎮江府經歷廳蘇州府吳縣丞裘萬清　邑人

州同銜周大鏞　邑人

光祿寺署正銜錢肇昌　邑人

中書科中書銜袁彙訓　邑人

繪圖

附貢生馬芬桂　邑人

收掌

署嵊縣教諭吳光鎬長興人附貢

五品銜署嵊縣訓導蔣照平湖人辛酉拔貢

監刊

六品銜嵊縣典史李承湛大興人

嵊縣志

例言

一高氏刻錄自爲一家言諸志繼興體例漸備兹承道光志後體裁條目畧有更張揭爲例言如左

一夏志散軼已久兹訪得全帙新志援引悉據原書視前志展轉承襲者較確

一周志向稱善本今其書具在核前志所引或屬子虛亦有引張志李志並屬烏有者概爲摘出

一舊志皆有總目前志削去散爲四十門兹仍列十二總目殿以雜志各綴小序聯絡子目

一前志分門首分野次疆域次形勝然分野多不切
嵊形勝亦非其實今刪取要語統入疆域
一山川各標方位里數山不拘脈絡水必循原委至
峯嶺巖洞池港潭泉前志臠分縷劃有似韻書今
連綴本條其無所附麗者別著
一建置志兵防門仿府志例增入歷代戰守前志義
渡庵茶亭等與寺觀爲類今移置橋渡後
一學校典禮前志頗有牴牾茲據　大清通禮學政
全書訂正或並錄前文闕疑待質
一前志於大吏政績不專屬嵊者別爲殊勳一門不

如周志稱畱續爲妥今從之
一前志選舉門例貢悉載今斷自附貢止監貢已入前志者仍之後不續載
一前志鄉賢儒林方技或一人而各門互見今核其重併入一門又增宦蹟文苑即從各門中撥入孝義舊爲一門今仿府志例析爲孝行義行
一風俗土產舊志統入地理前志與田賦戶口爲類今仿周處風土記之名別爲風土志
一漢書藝文志隋書改名經籍志前志既有經籍復出藝文今取王儉七志之目易藝文曰文翰志編

次則依蕭選例分體

一志書義取雅馴非官府檔案可比自後閭井分爭公庭判事勿概以志文有無爲口實

縣志圖攷

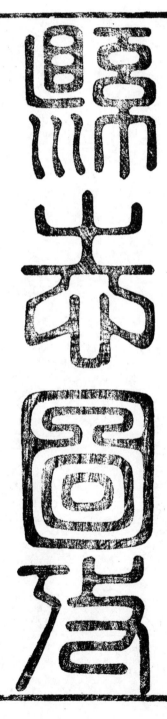

嵊縣志
名山總圖
北至會
花山
嵊山
覆巵山
四明山
車騎山
錦山
何家塘
任耕塘
動石山
石鼓山
東至新昌縣界
公館
竹山
艇湖山
簟山
逍遥山
龜山
太湖山
金庭山
東湖塘
新塘
榜山
白雲山
南至新

稽縣界
清風嶺
石門山
孫家嶺
大昆山
上周山
重踏嶺
舜皇山
葑田嶺
五龍山
廣利塘
谷來山
趙公阜
星子峯
大白山　西至諸暨縣界
謝岩
鵝嵩嶺
書院塘
嵊縣
儒學
路絲塘
並湖塘
象駱山
漢湖
福泉山
鹿苑山
利湖塘
沃塘
下利湖
芦塘
斛嶺塘
中白山
遁山
八杜山
獨秀山
普惠塘
八白峯嶺
方山
馬鞍山
九州峯
貴門山
龍澤山
獅子岩
昌縣界

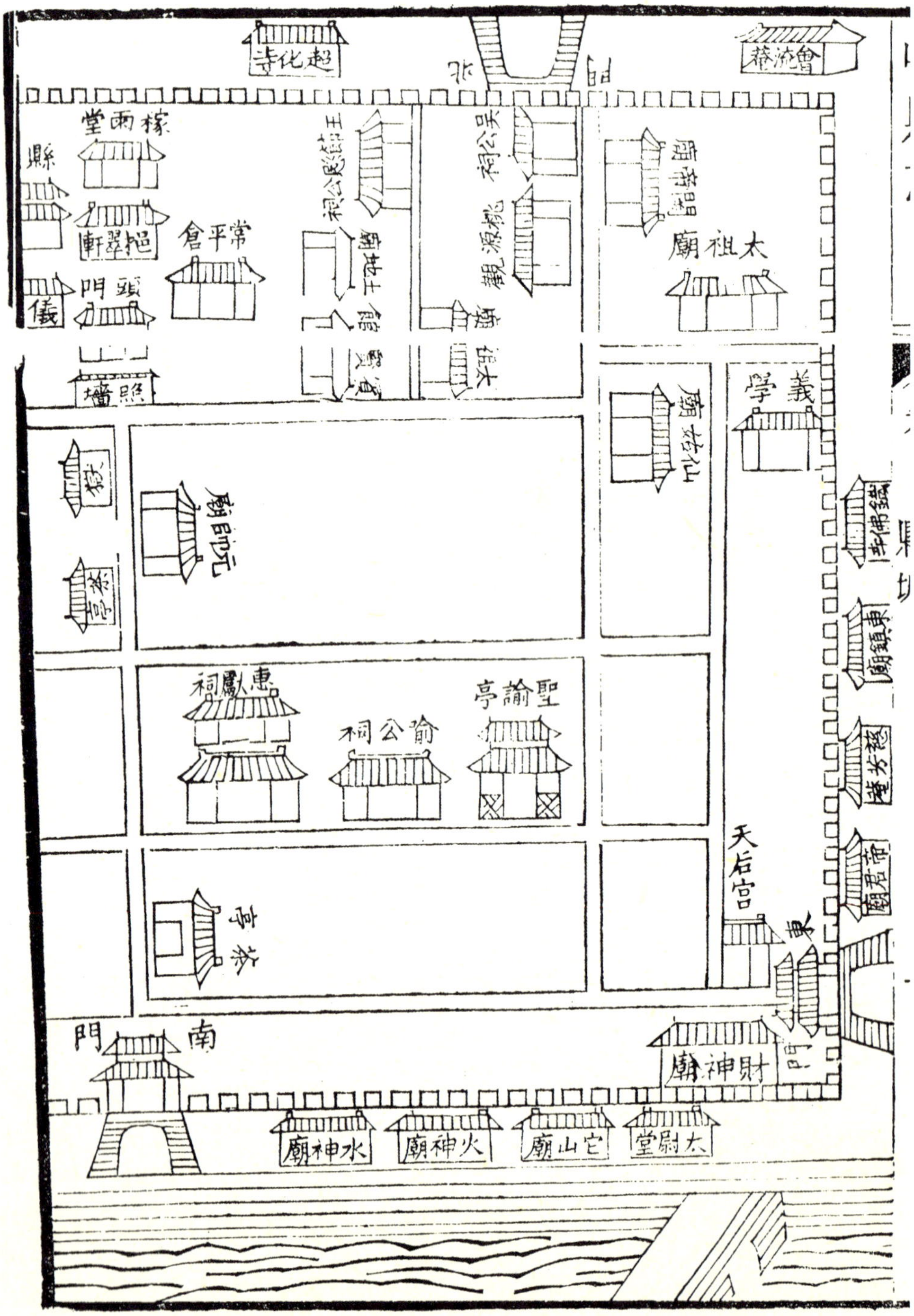
超化寺
北門
會流菴
稼雨堂
挹翠軒
常平倉
頭門
儀門
照墻
太祖廟
義學
元帥廟
惠獻祠
俞公祠
聖諭亭
茶亭
天后宮
南門
財神廟
水神廟
火神廟
它山廟
太尉堂

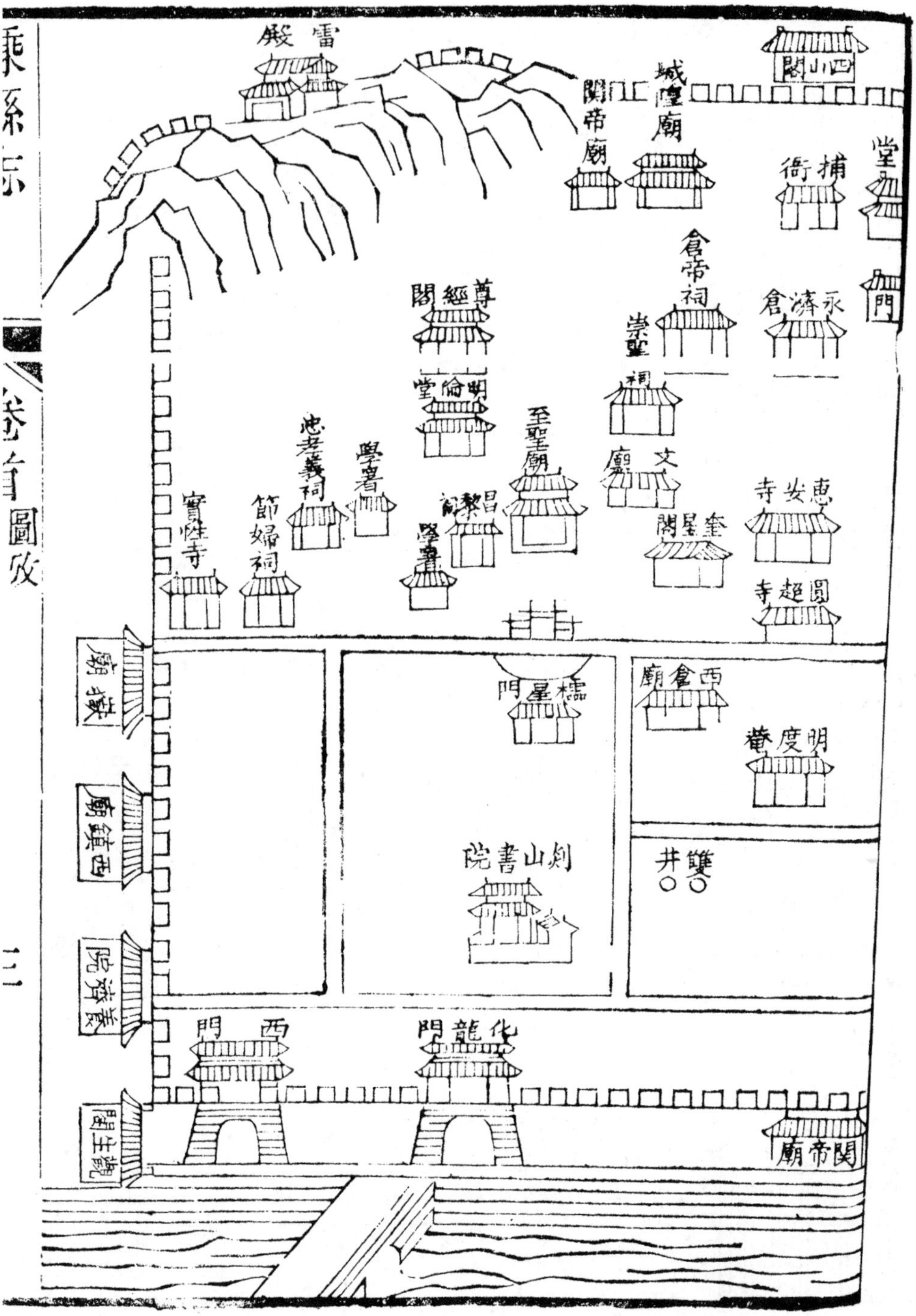
嵊縣志
卷首圖攷
二
雷殿
四山閣
城隍廟
關帝廟
捕衙
堂
倉帝祠
永濟倉
門
尊經閣
明倫堂
崇聖祠
至聖廟
文廟
學署
忠孝義祠
昌黎祠
學署
實性寺
節婦祠
惠安寺
奎星閣
圓超寺
櫺星門
西倉廟
明度菴
剡山書院
雙井
西鎮廟
化龍門
西門
關帝廟

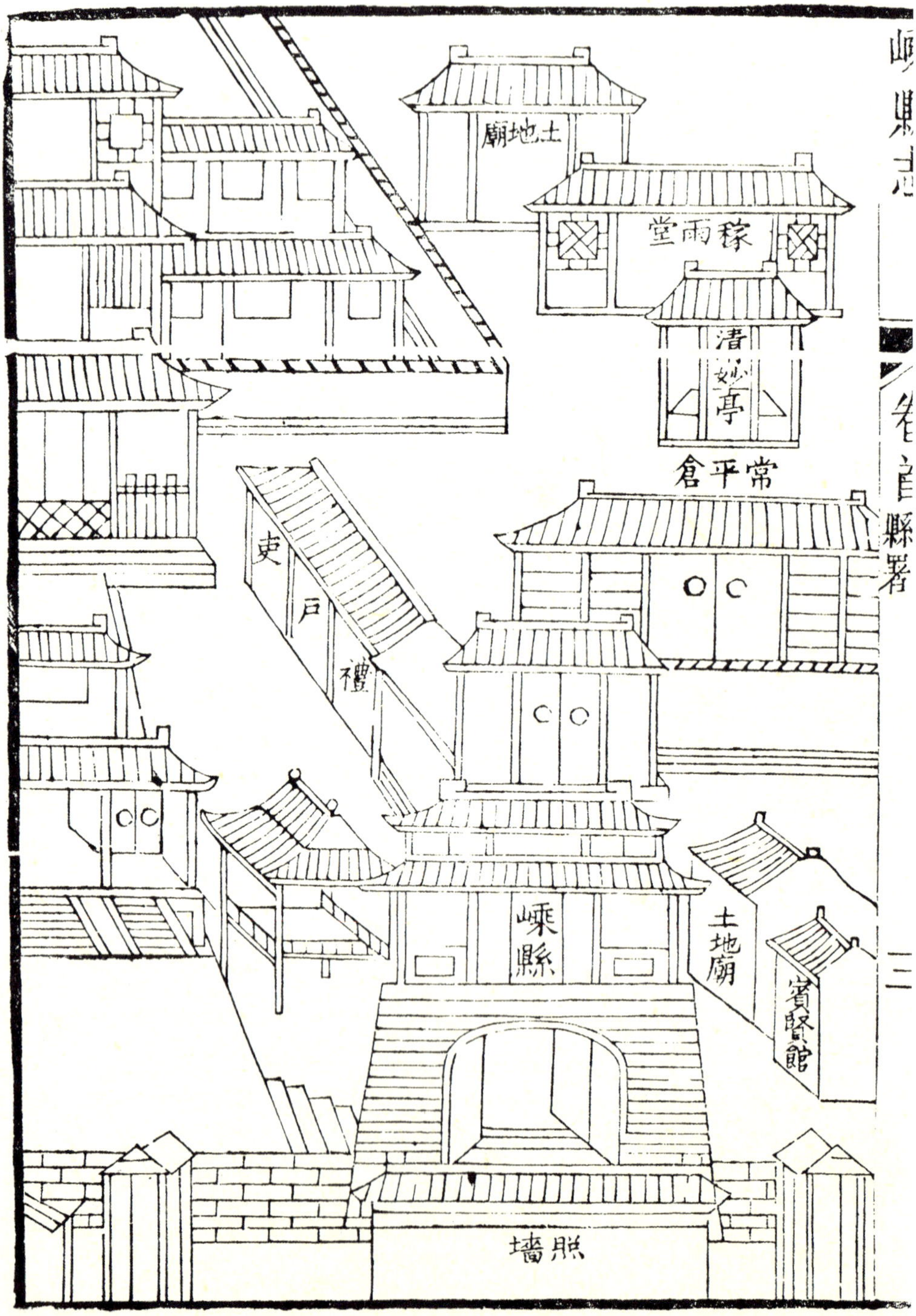
嵊縣志
卷首
縣署
三
土地廟
稼雨堂
清妙亭
常平倉
吏
戶
禮
嵊縣
土地廟
賓賢館
照墻

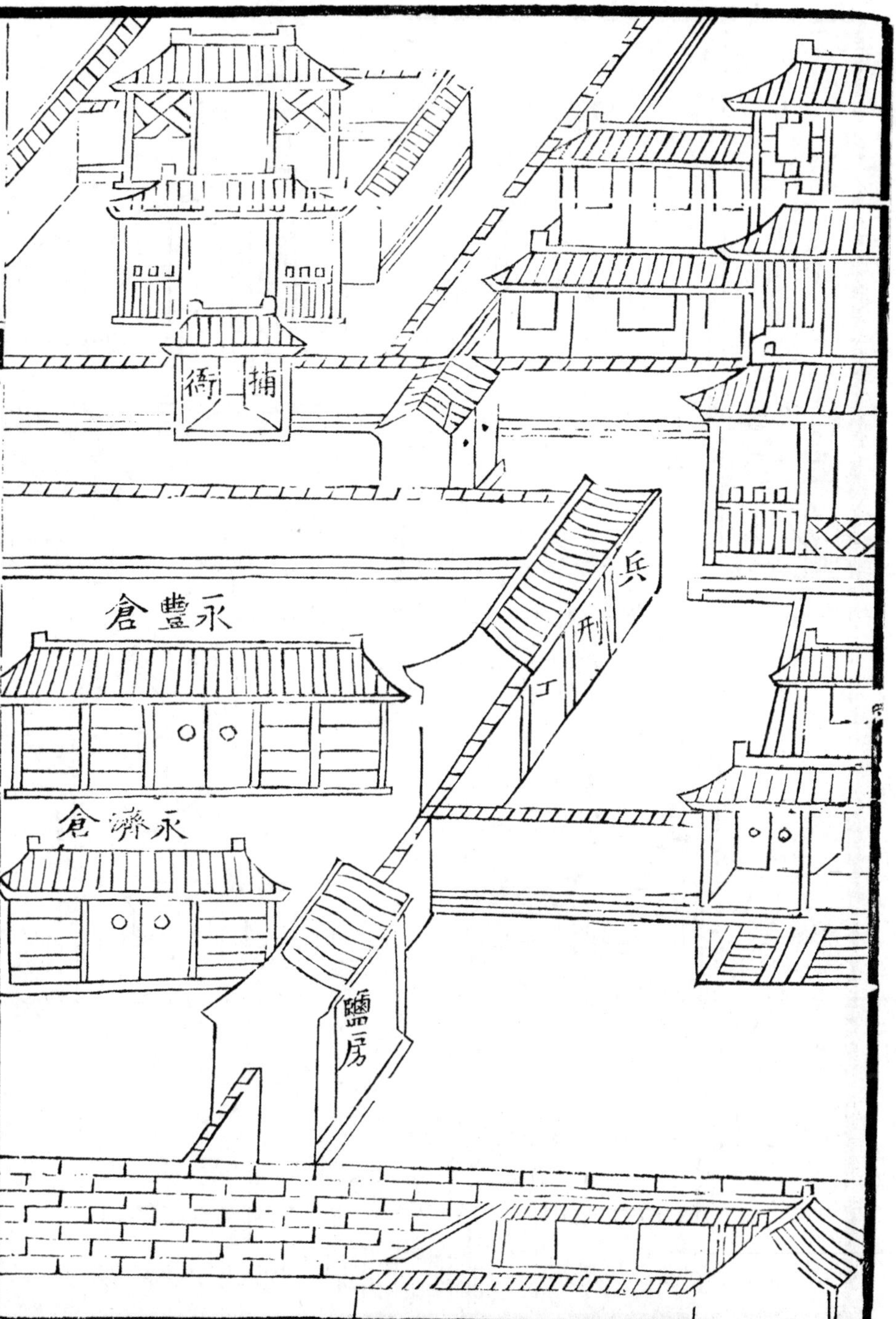

嵊縣志　卷首圖攷　四

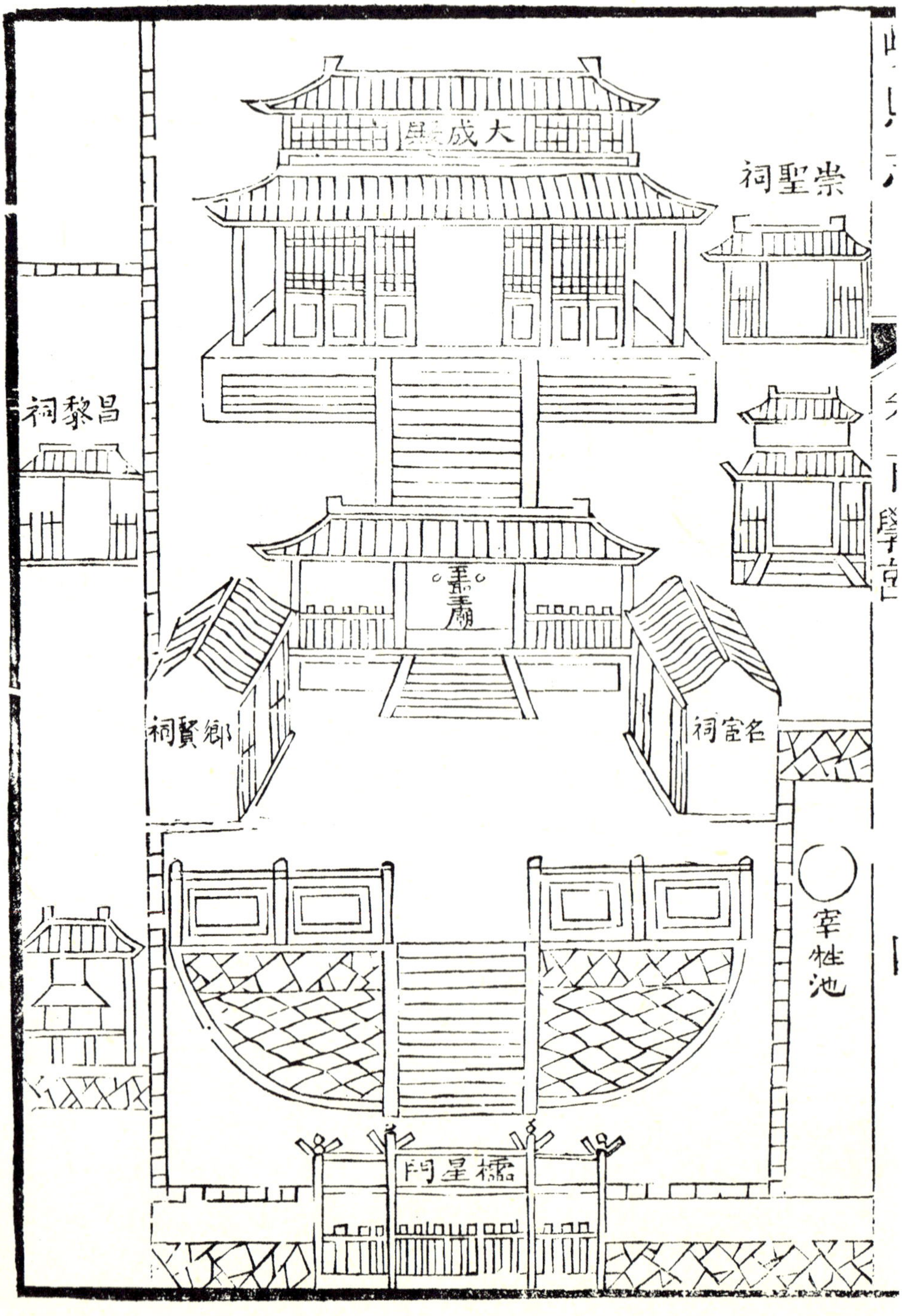
大成殿
崇聖祠
昌黎祠
鄉賢祠
名宦祠
宰牲池
欞星門

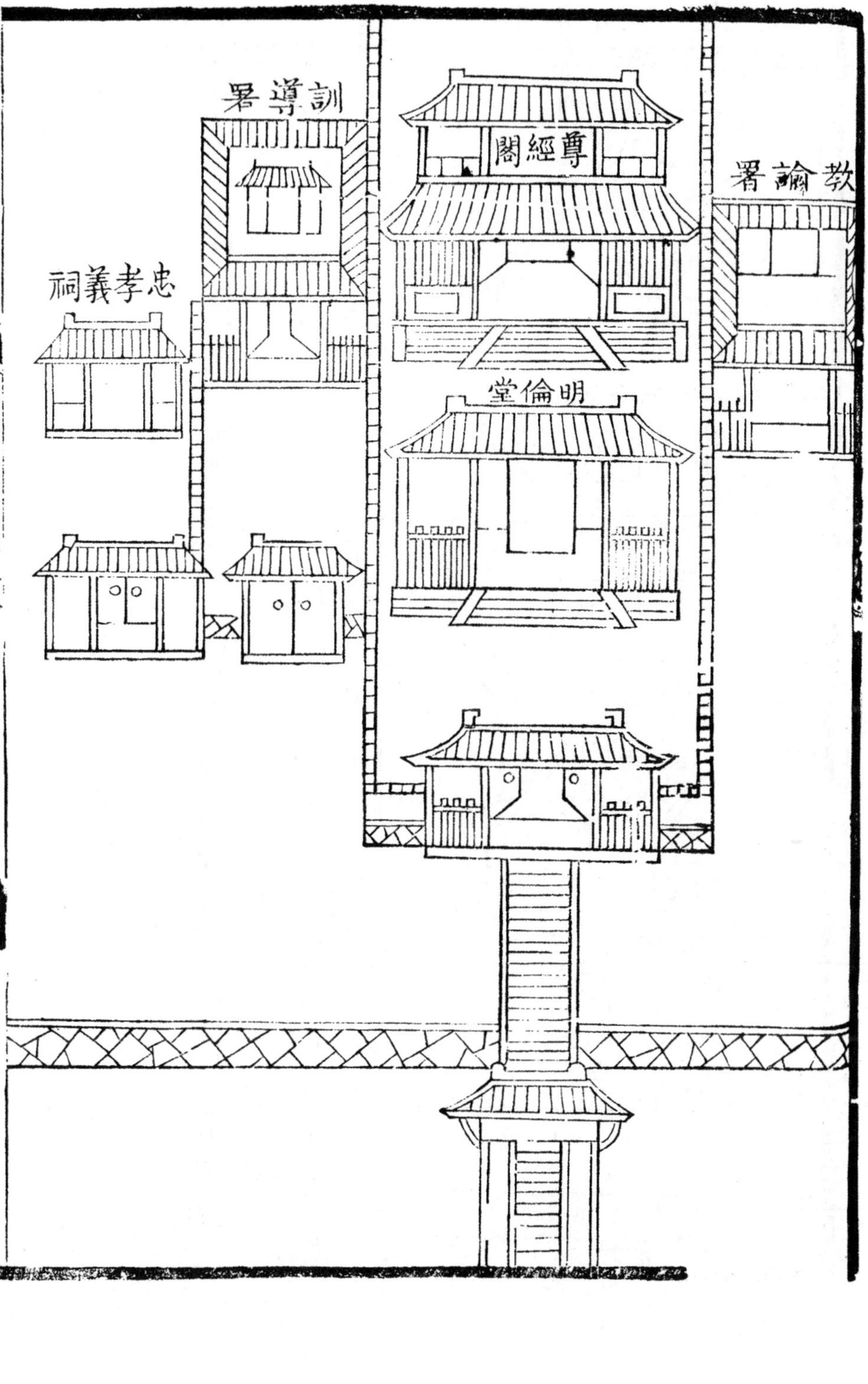
訓導署
尊經閣
教諭署
忠孝義祠
明倫堂

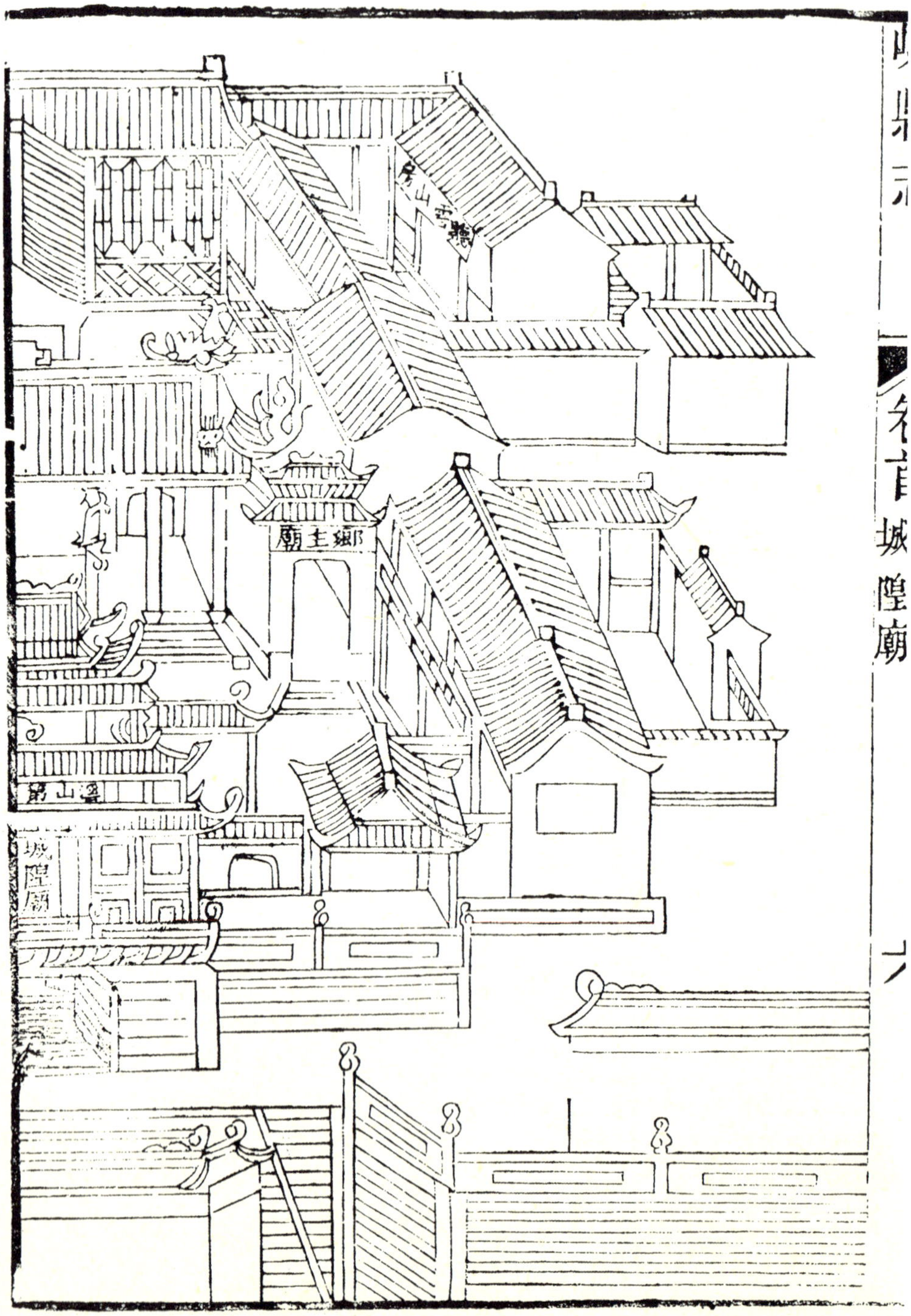
鄉主廟
城隍廟

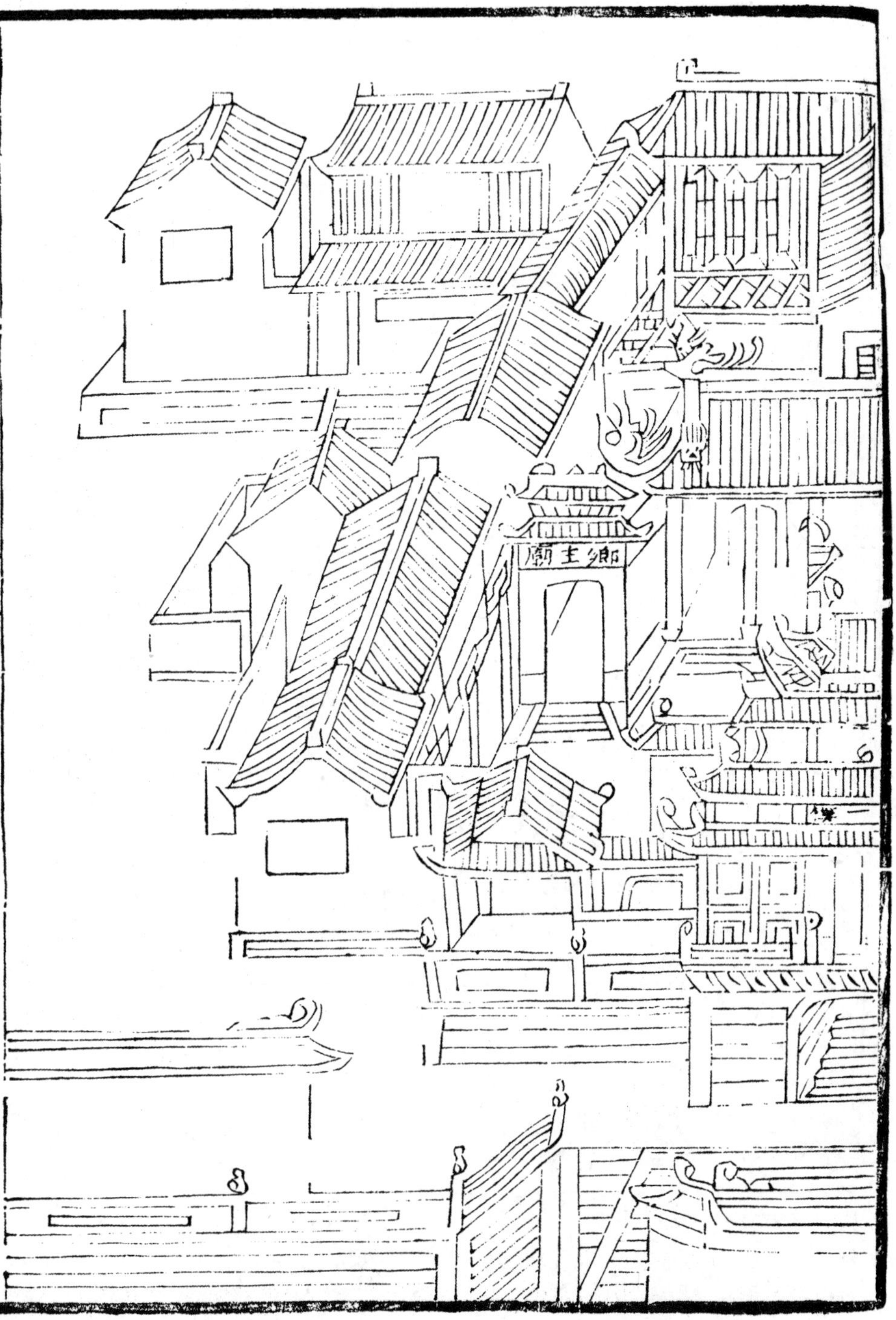

鄉主廟

嵊縣志
四明山
東界覆船山
鳳凰坪
佛字巖
靈官殿
金雞巖
南至寒峰岡為界

石屋巖
北界元寶灣
將軍巖
西界白龍潭

金庭山
陳公嶺
花光水色樓
濟渡村
五老峯
右軍墓道
觀下

放鶴峯
右軍墓

嵊縣志

卷首 剡溪

剡溪

嵊縣志

名[illegible]艇湖

十

艇湖塔
子猷橋

郿縣志　卷首　圖　太白山　十一

天柱峯

石屋
清風嶺

王烈婦祠

名自嶀浦

縣志
卷首
圖攷

嵊縣志

卷首 仙巖

五

嵊縣志

卷首　圖攷

十七

嵊縣志　卷首　圖攷　十六

金鍾山
建福庵
青石橋
梁村

許宅庄
王心純先生別業
白雲菴
前周

鹿苑山
鹿苑寺

上鹿苑寺
剡中第二泉

嵊縣志

卷首 貴門山

普濟龍祠
羅漢石
金潭
望聖嶺
三眠潭即天興潭
石獅潭
簫峰
古寨門
廣德橋
忠義祠
朱子講道處
訪友橋
文公泉
貴門村
獅子峰
鼠石峰
北苑山
梅墅

九州山
閑陽嶺
翔鸞峰
梓溪山
胡望仙館
上石尖
浴鵠沼
月池庵
獨秀山
仙人洞
千丈岩
下石尖
棲雲亭
萬工沼
望仙嶺

蒼巖圖

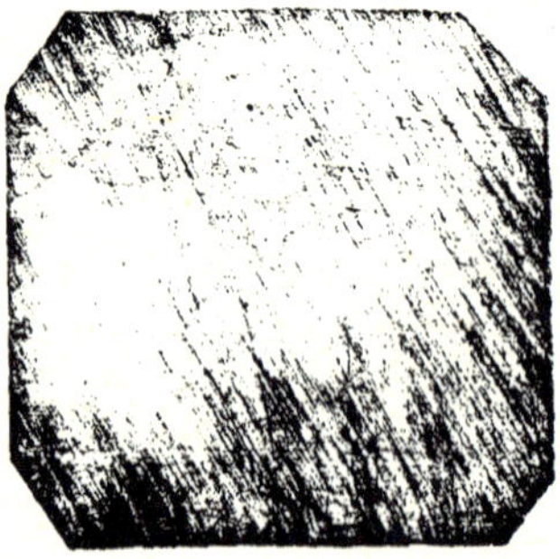

嵊縣志卷一

地理志

嵊漢爲剡縣元封初樓船將軍出武林攻東粵東粵發兵距嶮使徇北將軍守武林並道剡顧其地居越陬重奧兩司馬鄒生枚叔之徒無因而至故山水靡稱焉典午淸流徜徉巾屨山靈遭際婉美稽陰剡中遂聞名勝矣文儈兩火義取四山遞錫嘉名用輝郡望雖逋藪弄潢繹騷往代曾不害其爲福地也控姚會之上游翠溫台之屛蔽封疆之界烏可忽諸志地理第一敘歷朝沿革四至疆域

而山川古蹟亦以次得覽觀焉

沿革

禹貢揚州之域

張志縣古唐虞揚州地夏少康封庶子無餘會稽國號於越地在封內歷商周至戰國越亡入楚秦滅楚始皇二十六年以故越地置會稽郡剡爲領縣始稱焉自注舊志云縣北有星子山秦皇東遊劚其山之南千丈以洩王氣曰剡坑縣因以名

漢置縣曰剡

漢書地理志會稽郡縣二十六　吴　曲阿　烏

傷　毗陵　餘暨　陽羨　諸暨　無錫　山陰
丹徒　餘姚　婁　上虞　海鹽　剡莽曰盡忠　由
拳　太末　烏程　句章　餘杭　鄞　錢唐
鄮　富春　治　回浦　剡錄道書曰兩火一刀
可以逃言剡多名山可以避災也
按張志稱秦縣實承夏志考太平寰宇記剡漢舊
縣資治通鑑注亦云剡漢古縣浙江通志紹興府
志並稱漢縣今從之
東漢三國吳相承爲剡縣
浙江通志莽改盡忠世祖建武初復名剡太平寰

宇記後漢順帝以浙東十三縣爲會稽郡剡亦屬焉按秦置會稽郡治吳今蘇州府吳縣順帝永建四年分置吳郡移會稽郡治山陰剡隸焉續

漢書郡國志會稽郡 山陰 鄮 烏傷 諸暨 餘暨 太末 上虞 剡 餘姚 句章 鄞 章安 吳書賀齊守剡長

晉宋齊隋並因之

晉書地理志會稽郡統縣十 山陰 上虞 餘姚 句章 鄞 鄮 始甯 剡 永興 諸暨

宋書州郡志會稽太守領縣十 山陰縣令 永興令 上虞令 餘姚令 剡令 諸暨令

始甯令　句章令　鄮令　鄞令　【南齊書州郡志】會稽郡　山陰　永興　上虞　餘姚　諸暨　剡　鄞　始甯　句章　鄮　【隋書地理志】會稽郡統縣四　會稽　句章　剡　諸暨

按梁陳二書於剡縣無考當仍齊制

唐初立嵊州兼置剡城縣旋復舊

【剡錄】唐武德四年平李子通（鄭言有平剡錄一卷）以剡縣立嵊州及剡城縣（夏志以剡北鄉及始甯南鄉置嵊州并析置剡城縣）八年廢嵊州及剡城仍爲剡縣屬越州唐書地理志會稽郡縣七　會稽（望）　山陰（緊）　諸暨（望）　餘姚（緊）　剡（望）　蕭

山緊　上虞上

五代吳越改剡曰贍析置新昌縣

十國春秋吳越東府越州領縣八　會稽　山陰

諸暨　贍　餘姚　蕭山　上虞　新昌　新

昌縣志梁開平二年吳越王錢鏐析東鄙十三鄉

置新昌縣

宋初復為剡後改嵊

府志元豐九域志會稽山陰之下作剡縣剡錄宋

宣和三年方臘平越帥劉韐以剡字有兵火象請

改嵊名詔從之或云宣撫使童貫乞改宋史地理志紹興府

縣八　會稽望　山陰望　嵊望　諸暨望　餘姚望　上虞望　蕭山緊　新昌緊

按字書四山爲嵊許志東簟山南黃山西太白山北嵊山夏志東四明山南天姥山西太白山北嶀山

元明相承爲嵊縣

元史地理志紹興路縣六　山陰上　會稽中　上虞上　蕭山下　嵊縣上　新昌中　周志元至正十五年方谷珍據台溫張士誠據淮浙縣境東屬方西屬張丙午明定越仍隸紹興成化八年知府洪楷奏割

會稽德政東土二鄉隸嵊明史地理志紹興府領縣八　山陰　會稽　蕭山　諸暨　餘姚　上虞　嵊　新昌

國朝因之

一統志紹興府領縣八　山陰　會稽　蕭山　諸暨　餘姚　上虞　嵊縣　新昌乾隆李志

嵊初爲中缺稱衝繁雍正六年知縣李之果詳報衝繁疲道光李志乾隆間仍改衝繁爲中缺

疆域

分野　漢書地理志粤牽牛婺女之分野也內緯祕言牛五度紹興府山陰會稽入入分之五蕭山諸暨餘姚入入分之七女三度紹興府嵊縣新昌入四分之六

廣袤　剡錄東西二百七十六里南北七十里張志東西廣一百七十六里南北袤七十里周凡六百三十里

接壤　舊府志東至陸照嶺剡錄作六詔嶺一百四十里甯波奉化縣界東南至大湖山七十里南至胡隥一

十五里俱新昌縣界西南至白峯嶺九十里金華東陽縣界西至勞績嶺一百三十六里諸暨縣界西北至孫家嶺七十里北至池湖五十五里俱會稽縣界北至郁樹嶺六十里上虞縣界

路程 剡錄 境在府東南一百八十里 乾隆李志 縣至府二百里至省三百二十五里水陸等至 京師水行四千六百四十里陸行四千五百四十五里

形勝 周志 嵊南孔道與新昌脣齒東西北三面跨山江流中貫據姚會之上游作溫台之門戶乃形

勝險阻亦云壯哉張志東屹四明西巍太白南䃞天姥北峙大嶀嵊山帶江地稱阨塞雖通三郡界六邑其六詔白峯勞績上館諸嶺行不得併度必須緣惟自虞至新爲孔道而淸風峻隘三溪阻深亦未易梯航也

山川

鹿胎山　在城西北隅城絡其巔縣治跨其麓山以陳惠度得名惠度者獵士也射鹿此山鹿孕而傷既產以舌舐子身乾而母死惠度棄弓矢投寺爲僧鹿死處生草曰鹿胎草山有惠安寺卽惠度悔罪誦經處也西爲學宮明倫堂前石磴曰梯雲嶺舊名桂嶺

剡山　自鹿胎山越城以北一里爲剡山其巔爲星子峯孤岑秀出有亭冠焉稍下一小峯曰白塔岡有浮圖曰白塔寺宋釋仲皎於此築倚吟閣一名閒閒

庵　南下阬深百餘丈曰剡阬相傳秦始皇東遊使人鑿以洩王氣云

金波山　在縣北三里有明心禪寺宋治平三年賜額有歸鴻閣歸雲亭皆治平時建寺東有荷花坪偃公泉宋學士高文虎築樓讀書其間所稱玉峯堂是也內有雪廬藏書寮寺在建隆時號黃土塔院山又稱黃土嶺今惟稱明心嶺○偃公泉高似孫品泉第十三

艇湖山　自剡山以北五里許東出曰艇湖山晉王子猷雪夜訪戴安道舟至此返故名俗呼並湖山

山上有塔下有子猷橋訪戴亭艇湖今淤爲田

竹山　在縣北十里康樂鄉出艇湖山左有井泉高

似孫品泉第十六

過港嶺　在縣北十五里康樂鄉兩崖壁立一水瀠

洄崖陰鐫高山流水四字

餘糧山　一名了山在縣北十五里遊謝鄉有禹祠

焉相傳禹治水畢功於此餘糧委棄化爲石磊磊

如拳碎之內有赤糝名禹餘糧又南五里有甑山

一名甑石亦傳大禹遺跡有禹冠祠

謝巖山　在縣北三十里遊謝鄉有謝仙君祠康樂

所遊也山隩深峭被以荆榛巨澗奔激清湍崩石映帶左右入於溪下爲三瑞嶺舊名三隥俯視深川紺碧一色

謝巖潭　高似孫品泉第十七

趙公阜　在縣北三十里遊謝鄉相傳晉石勒之亂太常樂工趙某佚其名避地於此

仙巖　在縣北三十里遊謝鄉有馬蹏石相傳秦始皇東遊馬足所踐

舜皇山　在縣北三十里靈芝鄉出嶀山之東南勢與嶀山頡頏上有舜廟舜井

清風嶺　在縣北四十里靈芝鄉當嶀山之東舊名

青楓嶺懸巖峭壁下瞰剡溪宋臨海王烈婦爲元兵所掠至嶺齧指血題詩巖石投崖死血漬入石天陰雨墳起如新後人作亭易名淸風以表之亭前履跡宛然入石今爲王烈婦祠

嶀山　在縣北四十里靈芝鄉有華家岡叢之圩成功橋世傳謝元破苻堅歸會稽縣人榮之因礱石大書深刻成功橋三字龍角石梁詔亭等勝峛崺而東曰小嶀山其下爲嶀浦碧水銀沙奇麗殊絕相傳吳越王錢鏐舟至山下歎賞其異駐舟賦詩浦上有石床謂謝靈運所垂釣也

○水經注嶀山與嵊山接二山雖曰異縣其間傾

澗懷烟泉溪引霧吹哇風聲瀰岫延賞是以王元琳謂之神明境按嶀字疑嶀字之誤舊在始寧縣境故曰與嵊山異縣

上官嶺　在縣北五十里靈芝鄉古會稽界其西十里爲茶園岡

以上縣北

花山　在縣東北三十里遊謝鄉名勝志去竹山二十里爲花山怪石奇松宛然圖畫

畫圖山　在縣東北三十里從花山左出高可十數丈俯臨江上岑巒峭峭苔蘚斕斑古薜幽松參差相間嵊多怪石畫圖尤勝宛然小李將軍斧劈皴

也

嵊山　在縣東北三十里遊謝鄉剡溪之口嵊浦之東凡遊謝鄉之水皆會於山南名嵊溪至花山下横入剡溪水經注江水北逕嵊山山下有亭帶山臨江松嶺森蔚沙渚平淨宋書張環爲剡令至嵊亭生子名嵊字四山嵊之爲字取四山相合如乘馬乘雁之義

逍遥山　在縣東北五十里遊謝鄉相傳有趙將軍隱焉佚其世

車騎山　在縣東北五十里晉車騎將軍謝元爲會

稽內史於此立樓居止上有車騎坐石水經注嵊
山東北逕太康湖謝元田居所在右濱長江左傍
連山平陵修通澄湖遠鏡江曲起樓樓側桐梓森
聳可愛號桐亭樓山中有三精舍高甍凌虛垂簷
帶空俯眺平林烟杳在下水陸寗晏足爲避地之
鄉

紅字巖　在縣東北五十里遊謝鄉巖有護龍二字
相傳童維坤書

八坪　在縣東北五十里遊謝鄉山巒隱秀耐人尋
勝

羅隱山　在縣東北五十里遊謝鄉相傳羅昭諫常往來於此

動石山　在縣東北五十里靈山鄉山下臨溪溪中巨石磊磊相傳天欲雨石必先動○動石潭高似孫品泉第七

郁樹嶺　在縣東北六十里

以上縣東北

花鈿山　在縣東十里箴節鄉山有尊石巖

白雲山　在縣東三十里箴節鄉

簟山　在縣東三十里山勢平如筦簟有白巖龍祠

水經注東有簟山南有黃山與白石三山爲縣之秀峯山下衆流前導湍石激波浮嶮四注○簟山潭高似孫品泉第四

臥龍山 在縣東四十里靈山鄉自四明迤而西內有七十二名勝爲邑進士王心純別業碧洞吞雲瑤泉捲雪怪石磊磊或竦或蹲穿徑而行陰森杳遠有了眞洞睡仙石兜鍪峯綴星巖

清泉山 在縣東四十里金庭鄉

金鐘山 在縣東四十里靈山鄉上有石屋禪林

陳公嶺 在縣東七十里孝嘉鄉舊名城固嶺宋邑

令陳著明州人有惠政及代去民扳輿泣畱祖帳
夾道送之嶺上因易今名
金庭山　名勝志在縣東七十里天台華頂之東門
也剡錄舊名桐柏山唐天寶六載改曰丹池積翠
縹緲雲霞所興神仙之宮也丹池今桐柏潭唐女道士王妙行詣金庭山投龍即其處嘉泰會稽志桐柏在天台金庭在剡舊又
以金庭爲桐柏蓋其山隴連屬故耳名山記二十
七洞曰金庭名金庭崇妙之天褚伯玉沈休文居
之裴通王右軍故宅記剡中山水之奇麗金庭洞
天爲最道家所謂丹霞赤城第二十七洞天也其

北門在小香爐峯人莫能見王羲之家於此有書樓墨池遺蹟南齊褚伯玉建金庭觀乃其宅東岡舊志山之西有小香爐峯南有卓劍峯前有五老峯後有放鶴峯東有毛竹洞洞口竹生毛節覆一節亦奇物也按毛竹洞即金庭洞山之東南曰太湖山新昌界

石鼓山　在縣東五十里孝嘉鄉怪石層堆如覆甕玲瓏曲折中容數十人可從上盤旋而出世傳王羲之池中鵞常飛至此故又名靈鵞山下有石鼓道院所謂石鼓者人踐焉石即響答又西鄉悟空

寺側亦有石鼓

三峯山　在縣東七十里忠節鄉三峯鼎峙中有龍池下有清隱寺旁有東林嶺其陰與鄞之雪竇山接岡嶺數亘澗道羣流

戴公山　在忠節鄉有茂林叢竹清流激湍丹崖蒼石互相映帶山巔有龍湫

錦屏山　在縣東七十里忠節鄉狀如錦屏山趾一澗亘流遇石壁折旋西去有石貫澗中如鎖自石鎖沿澗下有石灑引澗東注入石井是井也傳爲龍窟有以物投井者後自海畔入家見之因謂與

海通稱海眼云

龜山 在縣東七十里忠節鄉兩山如子母龜界乎二水合流之間

秀尖山 在縣東九十里卓立干霄爲四明山入嵊之最高者

覆卮山 在縣東九十里遊謝鄉北隸上虞南隸嵊東連百丈岡西逶迤至三界而止世傳神仙憩飲之所或謂謝靈運登山飲酒覆卮巖上或云其形似也石峽中刻覆卮二字筆法甚奇

四明山 在縣東山高萬八千丈周二百十里綿亘

甯波之鄞慈溪奉化紹興之餘姚上虞嵊合之天台諸縣凡二百八十二峯西七十二峯屬餘姚上虞境主峯石窗在餘姚土名大俞山上有石室中界三石分一室而爲四俯臨無際自下望之玲瓏如窗牖山號四明以此北面七十峯總名入囊山入慈溪境東面七十峯總名驚浪山入慈溪鄞縣境南面七十峯總名驅羊山入嵊奉化天合境嵊東諸山自花鈿金庭石鼓外皆四明之分支也

六詔嶺　在縣東一百四十里奉化縣界一作陞照嶺

以上縣東　敘自南而北惟六詔嶺在東南因里次太遠居末

玉帶山 俗名姥山在縣南十里方山鄉形如帶長亘十里剡之南望也山外析爲新昌境其東爲謝墓山卽馬鞍山天章塔在其巔

方山 在縣南十里方山鄉高八尺廣二丈許突起田中平整如截土色黃一名黃榜山水經注南有黃山名勝志黃山一名方山

拱北山 俗名潭過山在縣南十里昇平鄉縣治學宮所向山勢北俯如拱水曰潭過溪

上碧山 在縣南十五里昇平鄉水曰上碧溪

蒼巖山 在縣南三十里禮義鄉山出美石下有蒼

巖草堂宋俞毋石氏課子昂讀書處水曰蒼巖溪郎寶溪

遁山　在縣南三十里禮義鄉有支公嶺名勝志下有白雲隝漢車騎將軍求恭隱處

中白山　在縣南三十里禮義鄉上有龍湫中有飛鶴峯前有書院宋進士求移忠讀書處

亞父山　在縣南七十里禮義鄉昔有采薪者遇異人曰吾亞父也巖下龍潭及石皆以亞父名○亞父潭高似孫品泉第十二

倜儻山　在縣南七十里禮義鄉一名跌宕山傑出

淩虛

以上縣南

金雞山　在縣西南二十里禮義鄉平野中崛起一隴狀如展扆又南爲燕尾峯兩山旋繞中爲紫芝隝有明覺寺

刻石山　一名穿山一名獨秀山在縣西南三十里桃源鄉上有風洞相傳遇風雨輒聞音樂王羲之常遊樂於此山頂廣平鷲池墨沼在焉鄉人立祠祀之南史齊高帝紀剡縣有山名刻石而不知處字所在昇平末縣人兒襲祖行獵忽見石上有文

字凡三處苔生其上詳雜志金石萬歷府志山有徧夫人碑唐寶歷元年浙東觀察使元稹使人訪碑不獲王十朋會稽賦苔封石刻是也

遙望山　在縣西南四十五里積善鄉俗呼遙慕

篋峯　在縣西南六十里長樂鄉峯高出雲山產篋竹山半有龍井

上巖山　在縣西南六十五里長樂鄉明正統間有上巖吟社

貴門山　在縣西南七十里長樂鄉舊名鹿門山宋壽春呂椢字規叔居此朱子過訪爲易今名有訪友

橋文公泉梅墅更樓諸勝見古蹟中峯秀拔曰獨秀山河南李易由給事中解職居此有卜居獨秀山卜築貴門詩見文翰志山之東麓有浴鵠沼易詩沼從鵠舉添蕭索是也前有望仙坪與翔鸞峯胡聖仙館相望翔鸞峯者九州山之別峯易詩峯似鸞翔解歎嗟指此魏末趙廣信弟子胡聖鍊丹羽化於此有胡聖仙館九州山距貴門十里界接東陽山頂望窮千里

侹山　在縣西南七十里太平鄉山長十八里半屬東陽平岡綿亘望之如一字

白峯嶺　在縣西南九十里太平鄉東陽縣界一作白楓嶺

以上縣西南

象駱山　在縣西五里昇平鄉形如象駱昂首臨溪而顧縣城舊時山下多酒樓客舍剡西烏船會艤於此

峨嶠山　在縣西十里昇平鄉逵溪環其麓又十里爲片雲巖有戴逵別業遺趾旁有片石高丈許削立如側掌痕

福泉山　在縣西十里清化鄉山如展屏峭壁凝丹

女蘿蕩碧山半有泉甘冽曰福泉上有觀音巖下有虎嘯巖巨石十八排列如指曰聽松石明嘉靖間山崩裂數丈長亘數里今名拆阬

桂山　在縣西二十里桃源鄉突起平野中俗呼杜山傳爲姜神名洪顯跡之所

亭山　在縣西二十五里崇仁鄉三峯聳秀上有曜文亭

東湖山　在縣西三十里清化鄉有元處士張爚藏書樓舊址

瞻山　在縣西三十五里永富鄉下有滌巾澗爲白

道猷滌巾處一統志作贍山五代錢氏改剡縣爲贍疑取此

太白山　在縣西七十里剡源鄉爲縣治西障山連跨三邑在嵊曰西白在諸暨曰東白在東陽曰北白即水經注之白石山或名太平山　嵊之西白山亦稱小白山即趙廣信鍊九華丹登仙之所也有白猨赤鸛鳥五色口吐綠綬號吐綬鳥石筍長五六丈對立如闕瀑泉怒飛懸下三十丈稱瀑布嶺亦曰瀑布山對瀑有玉虹亭下有鹿苑寺又名鹿苑山宋書褚伯玉隱身求志居剡縣瀑布山三十餘載揚州辟議曹從事皆不就南史褚伯玉居

剡中齊高帝勅於西白山立太平館居之　山有葛仙翁祠山巔二小石穴泉湧流至山半有石甕二曰仙甕石亦稱丹竈泉傳爲葛仙遺蹟復自甕中出流一里許石崖壁立遂爲瀑布華初平暴布嶺詩序福善所集蔚有靈氣昔產仙茗今油竹山產茶爲佳亦太白之分支也　葛洪丹井高似孫品泉第一　玉虹亭品泉第二

霧露尖　在縣西九十里其北爲折藤岡岡長十里

勞績嶺　在縣西西百三十里富順鄉諸暨縣界

以上縣西

葛峴山　在縣西北二十里遊謝鄉高僧竺法崇居焉孔彥深遊山相遇留止三載詳人物志仙釋西有響巖龍井雲雨作巖輒有聲　響巖潭高似孫品泉第六

石門山　一名天竺山在縣西北二十五里崇仁鄉中峯爲石門最高頂南爲九華峯北爲石門峽山有石門蘿薜引罥中有石床石枕前有石巖旁有龍湫下有沸水在溪穴開闊二三尺如湯沸四時不休又縣西北九十里亦有石門山兩石峭立如門　石門潭高似孫品泉第五又有獅巖泉品泉

第十八

五龍山　在縣西北四十里永富鄉又曰五指山重岡複嶺巖巒蟬聯老木虬松青蓊失日水自員如山其來迢迢或奔或匯爲靈潭者五有白道猷道場相傳巖穴中有五大豖能鼓狂風爲祟道猷以術降之化爲五龍其南出諸瀧爲五百岡西爲員如山有道猷禮拜石西南爲石姥山　五龍潭高似孫品泉第三又蕠潭品泉第十

覺院山　在縣西北六十里其南爲百丈巖有飛瀑瀉落爲百丈潭巖壁常產銀闌殊幽勝

紫巖山　在縣西北七十里崇安鄉有石洞盤古松前爲獨秀峯有欹石巖爲沙門茹蘭伏虎處又西十里爲上周山郎子周山

鷲突峯　在縣西北五十里峯下爲孫家嶺會稽嶺界畔有破箭石北五里爲屏山

穀來山　在縣西北七十里富順鄉十道志舜畊於此天降嘉穀

以上縣西北

剡溪　在縣南百五十步迤而東北注入上虞爲曹娥江其源有四一自東陽之玉山折而出合太白山衆壑北注與青陽岡五龍山諸派合流經邑治南入於溪一自台婺界道新昌之彩烟山下匯長潭東注上碧入於溪一自天台山北流會新昌溪至拱北山西與上碧溪合而東注入於溪一自奉化界道新昌之柘瀧與四明山衆壑合注於淸石橋繞黃澤折而東出浦口入於溪既兼四大流又境內之水如顧愷之所謂萬壑爭流者四面咸湊或奔或匯淺而爲灘瀨深而爲淵潭驟急而爲湍

瀾曲折迂迴五十里有奇越水口經嶀浦而後達於江　嶀嵊二山之峽爲溪口剡之四鄉山圍平野溪行其中至嵊山淸風嶺相向壁立愈近而嶀山迴巒於下若遮若護舟行距二三里外望之恍不知水從何出傳云此爲一山禹鑿而兩之以決水舊錄所謂蒼崖壁立下束淸流是也自王子猷訪戴安道而溪名乃顯故凡名流爲山水勝遊者多入剡其見於詩歌者或稱剡江剡川剡汀或稱嵊水或稱戴灣戴家溪戴逵灘云

江田溪　在縣西十五里淸化鄉合高古後潘二溪

入剡溪○後潘溪在縣西二十里清化鄉一源出
逵溪一源出嶺頭峽遶福泉山西麓入江田溪○
高古溪在縣西二十五里清化鄉源出五龍潭經
瞻山亭山南流東折入江田溪
逵溪　夏志在縣西十里孝節鄉至西門入剡溪張
志在縣西二十里廣利湖水注流折環峨嶠山麓
戴安道所居又縣西三十里桃源鄉𣶒溪入有戴
逵故宅曰戴溪
富順溪　在縣西四十里富順鄉源出蔣田嶺至瓦
窑頭南入剡溪

羅松溪　在縣西四十五里羅松鄉源自三溪經石
黃至鴨舍坂南入剡溪　三溪在縣西五十五里
崇安鄉源出暨陽界仙家岡匯梅溪後溪覺院溪
三水而東南注入羅松溪唐大中十四年裘甫寇剡官軍討之賊設伏於三溪之南而陳於三溪之北即此
剡源溪　在縣西四十里剡源鄉源出白衍阬經瑀
田至鄭仁入剡溪
西溪　在縣西六十里長樂鄉源出東陽界裏柏嶺
經黃沙潭北注入珠溪　珠溪在開元鄉即剡溪
上流

崑溪　在縣西八十里太平鄉源出太白山至石砩北注入珠溪

深溪　在縣西百里太平鄉源自東陽之玉山折而出行六十里始入嵊經太白山麓北注入珠溪

以上西源

潭遏溪　在縣南十里昇平鄉源自天台山北流經新昌入潭遏港繞拱北山與上碧溪合而東注入

剡溪○上碧溪在縣南十五里昇平鄉

寶溪　在縣南二十里禮義鄉源出台婺界歷新昌彩烟山下匯長潭經蒼巖東注入上碧溪

以上南源

黃澤溪　在縣東三十里笙節鄉源一自新昌柘濂而來一出自四明山漁溪經新昌麻車而來一出自錦屏山經北莊而來一出自金庭石鼓山經晉溪而來一出自奉化剡界嶺經新昌孫家田而來合諸水西注十五里爲棠溪又五里出浦口入剡溪。浦口在縣東十里崇信鄉

新潤溪　在縣東二十里崇信鄉源出石屋凹青上林至屠家埠入剡溪

嵊溪　在縣東四十里遊謝鄉源一出梅阬歷小溪

閘水入溜石溪一出覆巵山至下童店合烏阬水經下壙石舍會溜石溪西注入剡溪一名黃石渡

以上東源

了溪　在縣北二十里遊謝鄉一名禹溪源出了山東注剡溪嘉泰會稽志禹治水畢功於了溪越絶書禹鑿了溪人方宅土

强口溪　在縣北二十五里遊謝鄉水自仙巖入剡溪晉王謝諸人冬〻日至此見水石清妙徘徊不能去曰雖寒猶當强飲一口故名又名强中謝靈運詩登臨海嶠初發强中作指此今其地出布曰强

口佈

迴溪　在縣北五十里靈芝鄉源出嶺頭山環嶀山之陰入嶀浦

以上北源

晦溪　在縣東九十里忠節鄉發源四明山東流出奉化達甬江宋單崇道居此朱仲晦常過訪因名

長橋溪　在縣北六十里德政鄉發源嶺頭山經會稽范洋入於江

雙港溪　在縣北東土鄉北港自會稽青潭緣岸來南港自打石溪雙溪來東流經石彈登岸落會稽

湯浦又四十里至小江口入江○打石溪在縣西北六十里富順鄉上源三十里出古竹溪東下五里至穀來名西溪宋姚寬著西溪叢話又十里至馬郡合雙溪又三十里爲雙港溪○雙溪在縣西北七十里富順鄉源出諸暨界一自北嶴來一自呂嶴來東流至馬郡與打石溪合

以上三條不入剡溪

朱公河　在縣東北三里本名薪河舊時剡溪由西而北環城出艇湖及後水暴漲溪南徙不由故道隆慶六年邑令朱一栢鳩工自東門外引河迤北

又古溪兩岸築隄邑人立石題曰朱公河然盈涸無常萬歷四年邑令譚禮議濬旣祀告而以覲行攝縣事王天和治之萬歷七年提學副使喬因阜檄縣濬之復淤 國朝康熙五十九年邑令宋敦重濬今仍淤

嶀浦 在嶀山下浦以上爲溪下爲江江潮至此返剡溪清淺至此滙爲深淵潛鱗聚焉峭壁數仞上有長官祠紅墻倒映碧水淪漣蓋溪山最勝處也有王翁信故居見文翰志皇甫冉詩

廣利湖 在縣西北二十里孝節鄉又名廣利塘環

界三山築壩爲湖周百五十畝水畜之利渥於居
民
三懸潭　在貴門山石壁如劚丹翠萬狀瀑布垂空
三潭瀦焉二潭在巖扉中有石棱相界緣壁而入
如另闢天地寒氣逼人六月如秋俯視潭水忽起
忽平恍有龍神出沒外滙一大潭潭口一石曰拜
龍石明太守白玉禱雨於此又下二里有石獅潭
巖石五色或如人或如花鳥瀑懸二十丈望若簾
垂謂之水簾照以斜日幻成虹影有數石類獅錯
蹲巖上因以名焉○三懸潭高似孫品泉第八

嵊縣志　卷一　山川

古蹟

夏

大禹治水畢功處　嘉泰會稽志禹治水畢功于了溪　乾隆李志餘糧山一名了山相傳禹治水功畢餘糧委棄化爲石　按了溪餘糧山在縣北十五里詳地理志

周

王子晉吹笙處　萬歷府志白雲洞在縣東七十里與金庭山相近風月之夕山中有聞吹笙者相傳王子晉仙去後主治天台華頂號白雲先生往來金庭之間今山下建白雲祠天旱往禱洞口雲横

雨郎霖霈

漢

劉阮采藥徑 府志 在縣東三十五里劉門山相傳漢劉晨阮肇采藥至此今山下有劉阮廟

桃源 剡錄 在縣南三里舊經曰劉阮入天台遇仙此其居也 周志 縣南五里有阮仙翁廟肇故宅也

三國

趙廣信丹井 見地理志小白山 趙廣信陽城人魏末渡江來此山詳人物志

楊黄門埭 水經注 白鹿山北湖塘上舊有亭吳黄

門郎楊袁明居剡宏訓里太守張景數往造焉使開瀆作埭埭之西作亭亭埭皆以楊名按白鹿山即今鹿苑山在縣西六十里

晉

王右軍故宅　裴通右軍故宅記剡中山水奇麗金庭洞天爲最琅琊王羲之家於此書樓墨池舊制猶在南齊褚伯玉於此山置金庭觀正當右軍之家書樓在觀之西北墨池在殿之東北周志羲之別業在府而居在嵊縣古志亦謂其子孫在金庭之側

謝車騎舊居（水經注）浦陽江自嶀山東北逕太康湖車騎將軍謝元田居所在右濱長江左傍連山江曲起樓號桐亭樓山中築三精舍按浦陽江疑湯浦江之誤田居疑舊居之訛又按府志謝車騎宅屬上虞桐亭樓屬嵊考宋書謝靈運傳父祖葬始寧有故宅及墅遂修營別業傍山帶江盡幽居之美始寧今上虞也辨詳地理志車騎山

戴安道故宅（世說）郗超每聞欲高尚隱退者輒爲辦百萬資并爲造立居宇在剡爲戴公起宅甚精整戴始往舊居與所親書曰近至剡如入官舍（夏志）在桃源鄉鄉有戴村村多戴姓者舊志云在剡源鄉今遺阯不可復考（張志）又孝節鄉有別業遺

阯今其地稱逵溪

子猷橋　在艇湖山麓見地理志艇湖山及建置志

橋渡

訪戴亭　在艇湖山下

許元度故宅　夏志在孝嘉鄉東晉許珣爲會稽内史晚居蕭山子詢字元度愛剡中山水之勝遂徙居焉其地名濟度自此始裔孫曰丑者唐末爲祕書郎徙居忠節鄉之東林

阮思曠山居　阮裕別傳裕居會稽剡山志存肥遁

白道猷道場　見地理志五龍山

葛孝先丹竈　見地理志鹿苑山

葛稚川丹井　見地理志太白山又皇覺寺有葛仙

釣臺見祠祀志

宋

戴仲若攜酒聽鸝處　道光李志在北門外一里有

碑

謝康樂山居　見地理志石門山

齊

褚伯玉太平館　南史褚伯玉居剡齊高帝敕於剡

西白山立太平館居之剡錄褚伯玉在東白山立

猨嘯亭蹠山軒在西白山作齊雲閣詳地理志太白山

梁

梁詔亭剡錄梁武帝微時經嶀山與嶀嵊爲昏後

受齊禪發詔徵之山中有宣詔亭一曰皇書亭

嵊亭　張忠貞嵊所生處見地理志嵊山

張忠貞故宅張志在桃源鄉乾隆李志忠貞世居

珏芝之里裔孫文彬徙居秀異坊

應天塔張志在惠安寺側梁天監二年建明景泰

中僧巨元修天啟二年僧法瑞修　國朝順治二

年雷震裂一角乾隆李志考證舊志應天塔爲梁天監二年建然塔上舊磚有永明

二年永元元年及天監二年大同九年數年號考永明爲齊武帝年號二年爲甲子距梁武帝天監二年癸未有二十年之遠何以建塔時用其磚耶豈基于永明而永元天監大同修而成之後人僅見天監二年磚遂以爲梁時所建亦未可知

唐

秦公緒麗句亭 〔剡錄〕秦系天寶間避地剡川作麗句亭郡守改其居曰秦君里〔乾隆李志考證〕舊志載麗句亭在秦君里訛矣秦君里隸蕭山戴叔倫贈詩曰北人歸欲盡猶自住蕭山閉戶不曾出詩名滿世間是也

李公垂書堂 〔夏志〕在縣北龍藏寺側李紳少年肄業于此

五代

錢武肅王賦詩處　見地理志嶀山

宋

釋如晦倚吟閣　一名閑閑庵見地理志剡山

戴溪亭〔夏志〕在縣南二百一十步紹興初知縣姜仲開建

姚待制故宅〔張志〕在永富鄉徽猷閣待制姚舜明居

雪溪居士宅〔張志〕在靈芝鄉樞密院編修官王銍忤秦檜去職居剡自號雪溪居士

單君範居淸堂〔道光李志〕在縣東八十里晦溪單

庾金故宅

呂規叔梅墅（新纂）在貴門山疊書巖畔呂棋別業相傳朱子訪規叔於此巖間有朱子書梅墅堆瓊四字墅之西爲訪友橋橋旁石壁有石泉漱玉四字亦朱子書

呂撫使更樓（道光李志）在貴門紹興間呂祖璟爲淮南安撫使致仕歸建兩峰對峙架石構樓下爲通衢左更樓庵右鹿門書院

王龜齡設教處（剡錄）周氏作淵源堂有富學輝聲集彥擢秀恢義五齋又有細論堂蘊秀軒同襟館

蘭馨室時永嘉王十朋居師席台溫秀士多從之游〔夏志〕在東曦門內

高學士玉峯堂〔夏志〕在明心寺東麓慶元中翰林學士鄭人高文虎建內有秀堂藏書寮雪廬見地理志金波山

曦雪樓〔剡錄〕在東曦門外舊訪戴驛之南嘉定八年知縣史安之建樓之下扁曰剡川一曲

李給事山居〔周志〕李易由給事中解職卜築剡貫門家焉詳地理志貴門獨秀山

元

清風亭　在清風嶺宋王烈婦投崖殉節處祥祠祀

志王烈婦祠及文翰志碑記

莘疇居士藏書樓　〔夏志〕在縣西三十里東湖山布衣張惀建

史子受西幽莊　在剡西相村見文翰志高明記

許時用山居　〔道光李志〕在東林錦山下今已爲墟土人猶號許府基云

明

花光水色樓　〔張志〕在金庭香爐峯之麓宣德十年建

勸農亭　〔夏志〕勸農亭有二所一在望仙門外南五

里鋪一在通越門外楊公橋邊俱邑人吴叔暘錢楚雍等爲知縣許岳英立按王洪記亭建于成化十年許岳英名宦有傳

星峰亭【張志】在星子峯古有亭廢萬歷元年知縣錢一柏建【道光李志】國朝乾隆三十八年教諭李增率邑士重修

艇湖塔【張志】在艇湖山嘉靖二十四年知縣譚潛建崇禎七年圯知縣方叔壯重建

萬鷃塔【張志】在縣東南當巽位依城爲阯高數級萬歷七年知縣譚禮造二級中止十五年知縣萬民紀嗣成之縣丞吴鷃鳴董其事稱萬鷃重成功

也天啟元年圮

文星臺〔張志〕在拱明門外萬歷三十四年知縣文典章建未就施三捷嗣成之歷三級而升豎樓於上矻為剡溪砥柱　國朝順治六年知縣羅大猷修之

天章亭〔張志〕在謝慕山萬歷二十五年知縣文典章建俗名謝慕亭當縣治之巽位一邑人文所繫今圮〔府志〕　國朝乾隆三十八年教諭李增率邑士建塔其上仍其名曰天章塔凡七級

攬封亭〔張志〕在鹿胎山萬歷間知縣施三捷建取

唐薛逢詩更覽餘封識嵊州以名

事斯堂 張志在鹿胎山巔周汝登講學處

杜御史宅 張志在西隅御史杜民表居

周侍郎宅 張志在西隅工部侍郎周汝登居

喻尚書宅 張志在西隅兵部尚書喻安性居

喻孝子愛蘐堂 張志在西隅孝子喻祿孫建

王僉事歸詠堂 張志在臥龍山揚州兵備僉事王心純歸建

嵊縣志 卷 古蹟 三七

山川補遺

天竺山在靈芝鄉有九華峯峯頂有井泉味清美旁有安禪石有破石平破為兩

阮光祿東山阮裕別傳曰裕居會稽剡山　鶱鳳巖在四明山

龍口巖在四明山縣岩嵌空狀類龍口土人築室其下水從龍口中出落檐前若垂簾然下滙為潭

獅子巖在蒼巖山南半里許巖踞溪滸狀類獅又西北有石獅抱毬回顧又天竺山石門山並有之

疊書巖　卓筆巖皆在貴門山　疊石巖在九州山

蓬萊巖在遊謝鄉壁上有蓬萊二字色青筆甚古　仙家岡在縣西七十里剡茶品此為最

東林嶺在忠節鄉壁立數百丈人用懸度　堂塢嶺在忠節鄉

楊家嶺在縣西七十里峭立如門有石檻石棋枰　太師嶺在永富鄉姚舜明遺蹟

大崑嶺在太平鄉高數百丈山峽險逼下為絕壑路窄處不容足架木為棧無異蜀道

麴石在石舍村後望之如麴故名　彈丸石在謝巖坑謝靈運遺蹟

鼓石　磬石　劔石　鋸石　筆石　硯石　帽石

屛石　笏石　枕石並在石鼓巖

平溪在孝嘉鄉水出金庭山折入下任埠合東林羣壑西注晉溪

西漁溪在桃源鄉滙羅松溪合遙姥東派入南溪　長善溪在永富鄉

柜溪在太平鄉水出東陽溪邊多老柜故名　前巖溪在德政鄉會長橋溪入大江

艇湖在仁德鄉王子猷返棹處　東湖在淸化鄉廣五十餘畝

剡坑在剡山下秦始皇所鑿即產剡藤處傍坑一潭穴泓泓可勺水味甘美

强口坑在遊謝鄉晉王謝諸人冬日至此見水石淸妙徘徊不能去曰雖寒猶當强飲一口故名

福勝潭在福泉山潭在石罅潭口兩石對峙　杜潭在崇信鄉

元仲潭在縣東二十里崇節鄉道光志云舊志作十里仁德鄉誤

巖衕潭在曹家村巖壁立中有衕便行下臨不測

白龍潭在四明山潭水下注成飛瀑數百丈下復注爲潭幽險莫測又有觀音潭三角潭

白蓮龍潭在明覺寺後

石將軍潭在仁村潭深澈中有石突立如勇士

雪潭在上乘寺側

太湖潭在太湖山古稱赤水丹池以其色赤而勺之則清潔有神龍居焉禱之有應

百丈潭在百丈巖下山陰張岱云爲螢院水口萬道飛流至此出谷地多怪石齾齵如鋸齒湍流盤礴磐巀其間至山口奔放一瀉百輛有雷輥潮趨之勢

下鹿苑潭在鹿苑寺西水旱投簡潭内劃然有聲俄頃水盡黑電自潭發雨驟至如響

紫巖潭在紫巖山一名三井龍潭高似孫品泉第九

橐潭即五龍潭之一一名浮漂潭禱雨更靈

桐柏潭在金庭山王妙行投龍處

嵊縣志卷二

建置志

嵊城北枕山而東西南環水溪流湍悍潰隄嚙城城屢圮屢築縣治依山無水患堂軒亭榭踵事增華然其興廢者數矣宋朱子提舉浙東常平嘗至三界發米八萬石行賑舊志縣北有宋時米倉自宋已上無聞焉五代錢氏析東鄙置新昌縣明成化間割會稽接壤來屬今爲鄉者二十有九坊里百五十有五市集緣起可考者三界及剡鎮最古三界漢始甯治也剡鎮郎五代贍都鎮廢已久水

利有曰砩者溉田惟上上蓋石渠遺制也邑境上下綰台甯征軺絡繹故鄭鋪雖減他邑而廚傳爲繁設兵所以弭衅也舊志未詳戰守今考歷代戰守畧附著兵防往歲扞禦粵寇之事亦得以類入焉志建置第二

城池

縣城不知昉何代或以爲吳令賀齊云剡錄漢剡縣城在今縣東北孔奕會稽記云縣治在江東吳賀齊爲剡令始移今治嘗開城門擊破姦吏族黨則今城亦齊所創建嘉泰志剡城在縣西一十五里舊經在縣

西四十五里周一十二里高一丈厚二丈一統志剡州城在縣西南一十五里唐武德四年置八年廢水經注城開東門向江江廣二百餘步自昔耆舊傳縣不得開南門開則有盜賊宋宣和三年縣遭睦寇城圯守帥劉述古掃清之命縣令張誠發修城完壁高堞自是寇至不爲害宋管晉張令修城記會稽縣八剡爲清勝承平日久橫目習治庚子之冬睦寇狂勃剡寇應之縣有城壘圯弗克守爲賊巢穴明年春帥劉公述古統制一道掃清賊黨謂令張誠發尨徒虔事課工督程出緡粟以傭役甫閱旬朝完壁高堞城之環亘十有二里未幾寇卒其徒擁梯壁下仰視完壯失氣奪色將兵出銳掩之俘馘自是竄伏孽不熾焉侯智宏遠知所先務借不急此孰與民保時績維茂磨石無愧慶元初溪流湍悍城存纔二三尺

知縣葉甄夏志作蓺張志作甄道光李志作範今本周志並按歷代職官志俱作甄累石爲堤百餘丈城賴以全後二年水決東渡城壞提舉常平李大維通志作天性郡志作大性增築明年秋大水城復壞知縣周悅增築一百二十餘丈元制禁民無完城城日圮近東者強半僦爲民居僅存五門東曰東曦一名迎春南曰望仙西曰西成一名繼錦北曰通越西南門曰化龍明洪武初信國公湯和毀嵊城移甃石築臨山衞城由是城益無餘堤亦就壞宏治甲寅知縣臧鳳以承平久城雖可緩然水害急不可無堤於是計築堤之費請於藩臬借府帑羨餘及徵於民以築之高三

似廣如之袤二百四十五丈邑人稱爲臧堤亦曰臧圩岸（明李閔臧圩岸記嵊城北據山東西南皆環剡水水嚙城下路漸侵及城居者行者兩病之宏治王子曲阜臧侯以名進士來尹嵊之明年疏請藩臬得府帑羨餘銀三百兩不足則捐俸以繼之而邑人富者貧貧者力無不樂爲襄事於是諏日興工遠近提筐荷鍤而來者不絕於道閱月堤成而狂流悍湍不復嚙我峻防矣邑人將勒石紀功而請於余余曰昔東坡爲杭守築堤西湖民以蘇公名之謝安築堤新城民以召公況之皆示不忘也嵊民之請亦此意耳因書以志）十二年水勢氾濫堤之潰者又數百尺知縣徐恂以鍰金三百五十餘兩築護堤七尺許堤以永固嘉靖三十四年倭患作知縣吳三畏力請築縣城尋其故址臨溪跨山築高二丈有奇厚一丈有奇周圍共一千三百丈有奇內

外具甃以石一統志嵊城周七里有奇爲門四東曰拱明西曰來白南曰應台北曰望越門外有甕城門上各有樓顏其樓東曰凝翠南曰可遠西曰長清北曰迴峯東北間有陡門陡門上有亭顏曰溪山襟帶北門右有瞻宿亭一稱四山閣東門右有亭曰騰蛟西門左有亭曰起鳳爲儆鋪萬歷府志作窩鋪二十四所敵臺四所城內有餘城六尺餘城內有馬路六尺城外路與內稱是年倭寇兩臨邑境民恃無恐明王繼吳令築城碑記世宗皇帝二十有九載海氛爲孽倭奴忽飈至蜮射構禍於浙東黄巖萬室爲燼甲寅歲再陷天台海上羽檄無已時知縣吳侯嘆曰是可坐受無城之困乎歲乙卯乃請於上官相基度費稽版籍凡五十餘丁築城一丈計爲丈者九

百有奇因舊爲址繞山帶溪工始九月凡四閱月告竣東西南北四門明年請布政司五百金成之東陞門北四山閣則取諸罰鍰漸成之方築城甫半倭奴自台突入嵊黄泥橋夜遣諜來五里鋪覘視望城上燈燎晃耀呼噪之聲動地遂並引出浦口宵遁迨城工未畢止二版倭奴又自台流嵊侯日夜督民兵分城哨守倭奴用是遁逃夫城工雖未完而有險可據侯故得以殫力警守而保完億萬生靈使侯不早計而急圖是役則兩番寇至嵊能免於黄巖天台之難否耶侯之有功於嵊大矣周別駕夢秀云吳侯經始時钁故址得一甎識云漢乙卯歲剡長吳某記夫吳侯築城千五百年之後而與前令姓同其築之歲又同噫亦奇矣

萬歷十二年知縣萬民紀重開化龍門　周汝登

重開化龍門記畧萬歷甲申南城萬侯民紀奉命來令剡祇謁先師因視學宫曰學校爲治務首凡所宜興革吾矢力焉越明年教洽澤流興廢實惟其會司教陳君塾王君汝源趙君楝言於侯曰惟學之前故有門曰化龍以通黌道今湮矣是宜闢敢請侯曰昔啓而今湮曷以士民進曰嵊有城載自吳爲門四方而

西南間一是爲五門後城圮而門存嘉靖乙卯吳侯三畏復故城而民力詘議省五門之一曰吾留不盡以須嗣者乃門塞而名存於今三十年所啓實其時郎啓諸費民自輸不以貽公累侯曰凡令之職孰先作士而利民也昔無而創自我竭公帑不爲厲剏有其舉之而民自子來者乎上其狀於郡大夫報曰可於是採石徵工早夜並作開城建門高若干丈門上構樓幾楹成之者速甃之者堅往來利而遠近易觀矣孝廉張君希秩輩爲不可無紀以命言於余余維侯闢門爲士士尙思厥門名而自樹以無負侯夫門以龍名龍出則雲流雨集將利益於物諸士登河津而驤首奮翼有以腴土而澤枯乃與玆稱是宜書於是縣丞吳君鵾鳴克殫力以終厥事得備書云　乃十三年修四山閣天啓七年風雨四山閣可遠樓迴峯樓化龍門樓俱圮崇禎元年知縣方叔壯重建十三年知縣鄧藩錫增修城堞　國初五門樓四山閣城堞俱圮順治五年知縣

羅大猷重建東北城樓十五年部院李率泰檄府行縣每堞增高五尺知縣郭忱如檄築康熙六年知縣張逢歡重建四山閣九年霪雨西北城壞五十餘丈知縣張逢歡補築典史毛鼎鉉董其事後漸圮雍正間知縣宋敩議按甲修築不果乾隆李志乾隆三十二年知縣莊有儀領帑重修李府志道光八年知縣李式圃重修通越門城樓道光李志道光二十二年城多坍損知縣楊召勸令闔邑捐資重修城鄉紳富董其事二十三年南城樓燬紳董捐建咸豐十年重修城堞十一年粤匪陷城五門城樓盡燬同治八年知縣嚴思忠

勸令合邑捐建九年知縣陳仲麟勸令續捐并修城
堞十年告成新纂

署廨

縣治　在剡山南鹿胎山之麓嘉靖浙江通志舊治在江東孫吳時縣長賀齊始徙今所因高爲址歷級而升剡錄云樓觀聳峙頗似府譙宋政和間建迎薰堂一名東園四山閣閣後爲令廨有門有廳有寢嘉定德星八年知縣史安之撤舊而更之即廳之東爲堂復舊迎薰之名又建霞書堂其北爲面山堂又建詔旨亭頒春亭二亭址在今大門外元至大間達魯花赤高閭建東廳至正初尹仇治於治廳後建燕思堂至正二十年盡燬於兵洪武三年主簿張安道建廳廨天順中復燬

知縣王琦建未備成化宏治間知縣李春許岳英劉
清臧鳳縣丞帥玠方玘相繼營葺宏治十一年知縣
徐恂於燕思堂後建徽齋羅玘有志載藝文正德十八年知
縣林誠通重建燕思堂嘉靖天啟間知縣林森縣丞
江子循重脩張志嗣後圮葺不一改名花廳同治八年
知縣嚴思忠重建東有隙地同治六年知縣全有建
書房三楹新纂中爲治廳顏曰牧愛堂萬歷間知縣萬
民紀更曰節愛知縣王志達又更曰親民　國朝順
治四年圮六年知縣羅大猷重建後圮雍正九年知
縣傅珏重建顏曰日新乾隆李志傅珏記畧縣治舊有堂曰德星一名迎薰復名

牧愛又曰親民自宋迄明興廢不一至順治六年重建迄今八十餘載風雨飄揺悉爲頹垣廢址矣雍正九年秋蒙宫保李制府委署茲土諭以縣堂乃觀瞻攸係邑有罰鍰堪充修築當亟圖之余遵諭通詳鳩工飭材中爲治廳三間東西側屋兩間二堂五間川堂三間宅門一間兩廊十四間儀門五間外爲大門五間上懸鐘鼓周圍繚以高垣以及內署之圮者葺之傾者脩之制雖由舊而規模殊改觀焉興工於九年十二月望後之七日告竣於十年八月望後之二日統計所需不下千金除動用充公銀七百九十八兩外則捐養廉以繼之落成之日顏堂曰日新亦冀作民之新以懋乃政事而勤維新之治也乾隆六十年知縣周鎬嘉慶十九年知縣方秉道光八年知縣李式圃迭脩道光二十一年知縣楊召復脩顏堂曰問心新纂

治廳東爲幕廳宏治二年知縣夏完建後圮康熙六年知縣張逢歡重建爲里民輸納之所

幕廳北爲册庫南爲吏廊治廳西爲龍亭亦張逢歡重建龍亭北爲銀庫南爲吏廊兩廊皆成化間李春建崇禎順治康熙間知縣方叔壯羅大猷焦恆馨次第脩葺後俱圮雍正間傅珏建復兩廊治廳前爲甬道仇治築甬道中爲戒石亭洪武九年知縣高牧春制建亭南爲儀門乾隆李志儀門西爲鹽房乾隆四十八年知縣陳純士建道光李志儀門東爲大門門上爲譙樓至正四年尹冷瓚重建天台應奉翰林楊敬德記畧至正甲申膠東冷侯瓚來蒞茲邑侯由儒科與廉勤宅心人民化服鳴琴裕如也度民可使矣乃與僚佐議葺新廳大修學校顧譙樓之址鞠爲茂草鼓角寓他所垂四十年比邑父老而訃之咸願助資給用侯從之市材深谷經始於至正

四年十有二月落成於明年八月爲樓橫八楹縱十二楹旁舍翼然宏壯如昔徙鼓角其上以時典息深得古人申教防微之意云二十年燬洪武三十一年知縣江瀾重建大門稍東爲土地祠有戲臺康熙九年知縣張逢歡縣丞胡玨典史毛鼎鉉及胥役捐貲重建後燬俱傅玨重建乾隆李志後圮道光二十一年胥吏集貲重建同治二年又重脩新纂大門東爲賓賢館舊名寅賓館即舊典史廨遺址萬歷間知縣施三捷建崇禎十六年知縣蔣時秀脩後圮康熙三年知縣劉迪穀建樓於舊址樓上祀文昌星樓下爲館乾隆李志嘉慶七年道光二十年重脩大門北爲三郎廟新纂治舊有垣宏治九年

溫賊壞垣剽庫十一年徐恂脩築厚六尺高一丈二尺周圍一百三十丈五尺乾隆李志大門南爲照牆路分東西階出入嘉慶六年知縣蕭馥馨建道光李志道光五年闔邑重建二十九年闔邑重脩新纂

舊丞廨 在縣東南七十步清紀坊有日哦軒宋嘉定八年知縣史安之徙縣廨東元末燬明洪武間建復燬宏治間知縣徐恂縣丞王謨重建後圮萬歷十四年縣丞吳鶚鳴建半閒堂淸嘯臺 國朝康熙二年縣丞門有年建東軒三十九年縣丞奉裁廨圮五十九年知縣朱斆毗連廳署室址改建東書廳廳後添

設平屋三間乾隆李志同治元年圯新纂東側建亭顏曰來碧復名淸妙雍正十一年知縣王以曜重建適時雨降顏曰稼雨堂乾隆李志乾隆四十二年知縣吳士暎復改建名挹翠軒道光李志其北爲土地祠新纂

典史廨　在縣廨西本主簿廨也舊在縣西三十步鹿胎山項有朔風堂宋嘉定八年知縣史安之徙今所元末燬明洪武間建復燬宏治間主簿周嗣祖重建後軒三楹知縣徐恂主簿沈闓復葺之有門有廳有寢萬歷三十六年主簿裁改作典史廨　國朝雍正十一年典史王大德重建正廳儀門廨舍并增置東

西廂房乾隆李志廨西增置宜秋館道光李志咸豐間盡圮同治五年知縣潘玉璿典史李承湛詳請動支及本邑捐款重建正廳三間甬道一間二堂三間後寢五間東西廂房十六間正堂外廊屋三間儀門一間周圍俱繚以垣新纂

舊典史廨　在縣東南一百步舊丞廨東宋乾道間尉謝深甫建吏隱軒元至正十一年徙縣南仙桂坊明徙縣治內丞廨前宏治間知縣徐恂典史蔣進重建萬歷三十六年徙居主簿廨遂廢乾隆李志同下

布政分司　在縣治南一百一十五步折而東五步舊稱

旬宣坊係三皇堂故址　明成化間知縣許岳英重建後燬　國朝乾隆六年改爲惠獻貝子王祠今圮

按察分司　在布政司折而東明知縣許岳英建後燬知縣劉清重建今廢

候謁館　在布按二司之間明萬歷六年知縣譚禮建後廢爲兵部尙書喻安性祠

府館　在喻祠前二十餘步成化間知縣許岳英從秀異坊徙建於茲後燬知縣劉清譚禮重建今廢

代驛館　在望台門外爲駐節亭一名敬亭嘉靖間廢萬歷五年知縣譚禮重建十二年邑士民肖巡撫蕭

廩巡按龐尚鵬知縣林森朱一柏像於館內以志感

今廢周志

公館郡志作勞勞亭在縣北六十里三界明宏治間知縣徐恂建萬歷十四年知縣萬民紀縣丞吳鶚鳴重修乾隆李志後圮康熙九年知縣張逢歡典史毛鼎銘重修改作營房後圮乾隆五十三年其址建爲新岳廟新纂

申明亭　在縣大門外西首即頒春亭遺址明洪武八年建尋燬宏治崇禎間知縣臧鳳方叔壯葺後圮張志乾隆李志申明亭共五十三所在城三在鄉五十

旌善亭　在縣大門外東首即詔旨亭遺址明洪武八

年建尋燬宏治崇禎間知縣臧鳳方叔壯葺後圮張志

顧炎武日知錄洪武中天下邑里皆置申明旌善二亭民有善惡則書之以示勸懲凡戶婚田土鬬毆常事里老於此剖決不由里老處分而徑訴縣官者謂之越訴景泰四年詔書猶曰民有怠惰不務生理者許里老依教民榜例懲治

總鋪　在旌善亭南有門有廳有屋繚以垣康熙九年燬知縣張逢歡重建

監獄　在申明亭南成化丙申洪水衝垣圮多壓死知縣許岳英暫移禁於儀門西二十一年署纂事餘姚縣丞李實修建增廳三間屋九間補砌繚垣東西廣十二丈二尺南北袤十六丈二尺　國朝雍正八年

知縣王以曜捐造五間九年知縣傅珏又動支添建五間乾隆李志同治元年圮知縣周祖升罰鍰重修新纂

掛榜亭　鋪獄前皆有掛榜亭舊在儀門東明萬歷間知縣施三捷移建今所東西各三間崇禎間圮　國朝康熙九年知縣張逢歡重建後燬廢雍正九年知縣傅珏修葺乾隆李志下同

勸農亭　一在縣南五里鋪一在縣北楊公橋側成化九年邑民吳叔陽錢楚雄等爲知縣許岳英建

迎恩亭　在北門外二里爲接詔赦之所

陰陽學　明洪武十五年設今廢

醫學　在縣治前三十步街之西洪武十五年設成化中知縣許岳英重建知縣劉清復遷街東以故公館居爲之舊址易民後圮嘉靖間知縣林森重建於城隍廟右後圮崇禎間以遺址前作關帝祠後作天妃祠今廢

惠民藥局　在府館左後圮　國朝康熙六年疫知縣張逢歡延醫施藥就寅賓館爲藥局

僧會司　在實性寺夏志後在惠安寺乾隆李志同下

道會司　在桃源觀

稅課司　在縣東南一百五十步明宣德間除即作政分司址

宏治間重置在縣北六十里三界知縣徐恂建隆慶

間除

鹽酒稅廨　在縣東南二百步今廢

稅務酒務　在縣南今廢

鎮守司　在東曦門外後廢同治七年合邑捐建於縣治之西十年改建於忠孝祠右

倉厫 附養濟院育嬰堂

預備倉　在城隍廟左又名城隍倉東西北三面有厫東十間西十間北四間明宏治間杷知縣徐恂重建崇禎十六年知縣蔣時秀改北厫爲正厫每年額存經費役銀四十兩　國朝雍正七年間知縣黃道中重修更名廣仁倉乾隆二年知縣張彥珩以逼近山麓山水灌注易致紅朽捐資改建育嬰堂另建二間於永濟倉側又建四間於常平倉側以補廣仁倉之額李志下同

濟留倉　在西吏廊南今廢

便民倉二　一在縣北五十五都三界師字十六號今

圯一在縣西養濟院右知縣萬民紀縣丞吳鶚鳴重修有官廳三間後堂一間門樓三間東西廒三十二間周圍墻凡七十六丈今圯明余成便民倉紀畧縣治之西出繼錦門外半里許有便民倉乃宏治儲積所也先是廒規卑隘凡糧里之出納於玆者往往病其淺陋爲盜賊所窺迨宏治戊午歲嘉定徐君信夫來令是邑始下車即以興廢補滯爲己責縣治學校壇社以次修舉一日詣倉而耆民王熙仲陳民請曰倉之狹隘其患不可勝言願吾侯作新之侯許焉爰相土聚材規畫營辦悉自侯出而仲暨民亦樂襄厥成故倉用以完而賦弗奪於邑爲屋凡三間楹凡十二中爲公廳後闢山趾構軒一間爲退食所匝洞以窗垣屏以墻而高倍於昔廣稱之蓋視舊規而開拓之其外爲大門門之上爲更樓令值更其上以杜窺伺是又舊制所未備也肇事於弘治庚申歲三月畢於十一月余偕寮友林君世瑞周君休往落成焉適德州守邑人周君山鄉進士夏君雷又繼至侯因命壺觴相與竟時而退徐

君之涖茲邑也凡所設施布置悉自其所蘊蓄者發之以故甫三載而政務興舉市井無豪横之倖壟畝皆就業之農官司無停滯之徵催之所以治嵊者其槪如此是大可書也

義倉一名社倉凡四　一在縣東六都浦口官廳一間東西北厫各三間門樓一間繚以垣一在縣西四十六都兩頭門官廳三間東西厫各三間門樓一間繚以垣一在縣南一都阮廟官廳三間南西厫各三間門樓一間繚以垣一在縣西北二十九都西淸官廳三間南厫三間西厫二間門樓一間繚以垣俱明正統間知縣單宇建宏治間知縣徐恂修崇禎間縣丞周士達重修今俱圮　邑人張胄記畧洪武時詔天下立預備倉饑則散豐則斂此郎

周官遺人之遺意恩至渥也嵊爲倉凡四歷歲滋久
宇圮穀亦弗積稍遇水旱民無所賴今天子重念斯
民特命藩臬重臣布政司方公巡行屬邑而總理之
郡守羅公專董其事邑宰單侯奉行惟謹乃勸募於
富民得穀若干石建四倉於故處地之狹者售於民
而廣之每倉爲屋若干楹材木惟良瓴甓惟堅外設
重門繚以崇垣規制精壯締構完好其於防守區畫
尤加意焉夫天災流行何代無之亦在夫備禦有具
而長民者之得人耳聖天子養民之心非藩郡之臣
能體上意賢侯奉行之至烏能臻是哉胥故樂爲之
記

常平倉二　一在丞廨前舊典史廨址東　國朝康熙
七年知縣張逢歡建縣丞胡玨董其事一在縣治頭
門內土地祠北側屋五間雍正六年知縣李之果詳
請動建又四間知縣張彥珩補建以足廣仁倉之額

乾隆李志同治元年圮新纂同下

永濟倉　在縣治儀門西側公廨基內地十三間雍正七年知縣黄道中詳請動建又二間亦知縣張彥珩補建乾隆李志同治元年盡圮

永豐倉　在公廨內永濟倉後屋十二間雍正八年知縣王以曜詳請動建十一間其一間則捐俸添設乾隆李志同治元年圮

米倉　在縣北一十步宋時設今廢周志

附養濟院　在來白門西明成化間知縣李春許岳英徐恂相繼增葺正廳三楹匾曰施仁後圮有住房十

一間有門繚以垣直長三十一丈橫一十丈　國朝
乾隆五年知縣李以炎增建廂房十間分男女居住
乾隆李志　同治元年盡圯知縣潘玉濬用罰鍰建正廳三
楹門欄三楹廂房兩間四圍俱繚以垣八年知縣嚴
思忠以罰鍰建廂房四間新纂　明訓導林世瑞重建養濟院記畧國家設官
分職惟以爲民而已於民之顛連無告者尤加惠焉
詔州邑各立養濟院俾有司時賚予而賜給之月有
米歲有布絮使皆有生意此文王惠鮮鰥寡之盛心
也嵊邑養濟院天順間李侯春搆於今所西門外便
民倉左凡爲屋十一間成化間許侯岳英修葺之經
今歲久垣頹屋敗或潛空廠而宿或倚倉簷而居不
惟民不聊生抑無賴者藉以生奸矣宏治戊午夏徐
侯恂尹茲土下車之初首新學校繼即致意於斯擇
公正耆老王希明等董役相其狹隘置買民地一區
擴而大之總前袤三百一十尺廣損袤之二新建正

廳三間匾曰施仁侯嘗躬詣存恤復增住屋九間其舊屋十一間易朽以堅更腐以良拗斜以正與凡漏者敗者門戶不完者煥然一新周圍繚以垣墻外具門樓一間凡木石磚瓦工食之費悉侯自處置而貧民棲息裕如也肇工於宏治庚申歲五月而畢於是歲八月耆老與斯民無告者詣予曰吾人無依者侯月給米以食我歲給布絮夏復加布以衣我葺舊廬復買地增屋以居我侯之仁如此敢請一言紀侯功德嗚呼侯誠可謂能體國家愛民之心而知所先者矣詩曰豈弟君子民之父母侯其有焉

附育嬰堂 在城隍廟左 國朝乾隆三年知縣張彥珩即廣仁倉改葺今廢李志

按育嬰堂自順治初益都相國夆開於崇文門外後宛平相國復繼之其式遂頒於天下見毛奇齡育嬰堂碑記雍正二年奉

上諭飭天下廣育棄嬰嵊邑設而復廢宜有以振興之也趙銚

都里

在城曰隅在鄉曰都嵊舊領鄉四十梁析十三鄉爲新昌縣縣東鄙舊有五山彩煙豐樂善政新昌安仁守義永壽石順昌化象明遵德石城共十三鄉梁開平時析置新昌縣明成化八年割會稽縣二鄉以附今爲德政東土二鄉實領鄉二十九爲隅二東隅西隅爲都五十一嵊舊缺二十七都不知何謂又有連數都爲一都者故次都至五十六而實五十一爲圖七十七里中應役隅曰坊長都曰里長隅所領圖等而都所領多寡不一保甲賦役皆出其中

俞府志唐十道圖縣各有鄉有里然其興廢因革亦靡得記焉宋熙甯三年行保甲法始置都頭於鄉改里曰保領丁都元豐八年廢都保復置附治地爲坊其郭外仍以鄉統里已又分府城內爲五廂仍領坊

元改廂爲隅縣各置隅鄉爲都里爲圖俱以一二次

城東隅　領坊十五宇民清紀成俗濬化舊名遷善齊禮聯桂舊名通安益詠舊名進德嘉會豐義醴泉仁德桃源絃歌棲鸞舊名迎春訪仙舊志作訪戴領圖三東一東二東三

城西隅　領坊十秀異集賢化龍舊志作化民繼孝兆慶繼錦科貢舊名妙音以西門周氏改今名招提清和仙桂領圖三西一西二西三

方山鄉　在縣南五里第一都領圖一領里五全節承壽懷仁通山麗德舊志作光德領莊十七上迪市　五里鋪　章邮衕
馬鞍遶　黃塘沿　貼水橋　周塘沿　三板橋
小山頭　阮廟　廟後　甽塍　上楊　愛湖頭

缸窰　山根　曹
家　張家田頭

仁德鄉　在縣東三里第二都領圖一領里五甘棠永樂餘糧歸仁金塘領莊十四　石板頭　黃塆橋　下陳　中渡　下東渡　坭塘等　大塘頭　下任　下楊　仙人坑　卜家　朱家笆衕　藕塘壂　花園地

康樂鄉　在縣東十里第三都第四都領圖一領里五遊謝宿剡竹山康樂感化領莊三十九　蔣家埠　何家郎　下林　墩頭王　賢宅　艇湖　竺山　山前　朱家塆　吳家樓下　楊柳塘　柿樹頭　蔣家衕　東塆　青　官塘　前山坂　過港　葉塆　小溪　沙田　丁家山　閘水　王广春　羊角溪　橋石頭　梅坑　大山　塆底　水堆頭　周家　平坑　雙橋　石屏　紫竹篷　高山　何郎　八广　謝家　姚家　上浦

崇信鄉　在縣東十五里第五第六第七都領圖四領里五休祥甘泉竹山懷安剡中領莊三十六大屋　珠溪　招郝　上林　杜潭　西山　李家洋　上屋　版坑　深丹地　楊樹坑　浦口　潘家郝　鐵店　沈家勘　湛頭　東坂莊　竹家山　拖滕　上下新建　上江　溪下　前化　高俞　無底井　廟　裏張　湖頭橋　坂田　王山頭　棠溪　后仁　花田　大菱塘　盤龍　青巖潭　上莊　坳

筮節鄉筮本作莁在縣東二十里第八九十都領圖二領里五灌濤昇仙馴翟思善澄江領莊四十五東郭　上下蕩頭　王明塘　前周　艮郝　青石橋　上唐　下唐　葉家　塘頭　望婆嶴　沙地　柏樹塘　後丁　朱塢山　湖頭　後棗園　逆迴尖　胡宅　張家　周家坂　官地　石橋　湖塘沿　趙家　培郝　山王　王萬莊　了义坑　下楊棚　江家　上長　屋基　方家　白泥勘　大塘頭　張家田　唐家

嶼　爛田灣　王澤　曹家洋　檡樹下
花園地　陶家　裏外花鈿　嶼口

靈山鄉　在縣東三十里第十一二都領圖一領里五欽義下闡靖安守義崇孝領莊二十二　許宅　下周　麻車　官園　白塘　東山王　橫路　大坑　凹青坑邊坑西　芋坑　漁溪　石蟹　東嵩頭　廟裏大洋　地衕　求家長坂田　溪頭　錢家

金庭鄉　在縣東五十里第十三第十四都領圖二領里五昌化善政惟新永甯歸德領莊十四　晉溪　後山　柹樹頭　下任　歡潭　馬家塘　華堂　柏樹頭巖頭　覲下　上塢　念石　濟渡　陳公嶺脚

孝嘉鄉　在縣東五十里第十五都領圖一領里五石鼓榾柏安樂忠節安義領莊十三　靈鷲　官地　蔡家　榧樹灣　高

峯　嶺塘　湴下　東蘭　嶺下
日坑　任塢　沙地　山前

忠節鄉　在縣東七十五里第十六第十七都領圖三
領里五三峯孝嘉石鼓忠節修仁領莊四十四　勘頭　土
塊　小栢　水口　東林　張婆塢　堂塢　橋下
孫溪塢　董家莊　巖匡頭　下董塢　門古
潘家山　馬家塘　董塢岡　干濟　大約　小約
山塊　北莊　青山頭　上广坂　唐田　唐溪
晦溪　石門　敬坑　葛竹　湖潭　白坑口
盧田　董家广　張家青　箬坑　應家山　翁大
坑　陳大坑　裏外東坑溪
西　吳家彎　松溪　俞家坑　岡竹山

遊謝鄉　在縣東北三十里第十八第十九二十都領
圖五領里五康樂明登宿星暝投吹臺領莊七十五　張
塊　鮑家　盛溪　仁邨　石合　上塘　烏坑　前
岡　車衙　沙坂　上店　胡家墺　衬壇　山頭

宅　楊家宅　何郡　陶郡　莊田　金茅彎　沙
塘彎　溪后宅　屠家埠　山根　宓家山　鄭家塽
大杉樹　紫竹嶺　東鮑　下洋埠頭　下王
溪　西　曹家　田里　下塘塽　馬坑　裏坂　沙
園　南山堂　油車岡　施家井　風火岡　漩水
彎　張墅　大彎　碑山　後朝　白巖　塘坵
培　向　强口　广坑　上朱　巖頭　謝巖　仙巖
西鮑　後張　禹溪　後王　石頭堆　冷飯岡
山頭等　紡車坵　獅巖坑　八里洋　櫸樹下
煬家井　八俞　王山頭　董家　花山　長片
地　白煬樹　外
漩　挂壁銅鑼

靈芝鄉　在縣北五十里第二十一第二十二都領圖

二領里四石牀東節正筠化善領莊四十三　王沙　楮樹　姚塽
棗樹彎　沈家彎　石山頭　水閣塘　康坂
官莊　裏外大山　湼溪　方山　謝家　祝塽
陸郎　南塽　外塽　人王　箬嶺　唐塽　獨山
陸家溪　嶀浦橋　馬塽　李家浦　王家書塽

傅家山　木瓜橋　楊家　胡郜　豐石　白沙
盛塽　李塽　周塽　鄭家　箭塽　大坂　金
郜　老　二十二都舊志　石坑　磊牛
屋基　有嶁大山今廢　塘　沈塽

崇仁鄉　在縣西北三十里第二十三第二十四都領
圖二領里五感化霞邱靖林歸善愛敬領莊二十一
崇仁上　上下安田　中安田　宫莊　上江郜
下江郜　溪灘　莳口　烏石衕　淡竹　應桂巖
下應　秀才灣　長郎崗　楊仁橋　卞家　石
門　嶺頭山　太婆灣　道光志舊有湖下其地實
坐四十七都一圖今改名湖蔭撥入桃源鄉又有塘
頭其莊已載積善鄉内因重出除之　應桂巖舊名
應家　新增莊二　馬家田
巖　黄巖下

孝節鄉　在縣西二十里第二十五第二十六都領圖
三領里五新豐崇化招　安綏安方山領莊三十七　逵溪

宋家墩　胡郁橋　董郎崗　地下菴　林崗
泥唐　上王　方田山　王家广　來嶺　橫崗
龍舌頭　白花　木馬葵　廣利塘　花田坂　畚
箕彎　馬仁郁　下馬　新官橋　馬家坑　葵巖
橫牆衕　後岸　趙溪　趙馬　西山頭　大洋
巖下　仰當彎　楊家　李家宅　半山　上楊
新增莊二青坑　三棗樹下

永富鄉　在縣西北二十五里第二十八第二十九都
領圖二領里五克遜李志作東遊誤今據剡錄及周志改正西淸東闢
餘風禪房領莊十三張家　下相　宅前　坑口　三畝頭　林家　上相　張郁
淡山　崇仁中　十畝嶺下　李家橋　道光志
舊有西鄭其地實坐三十一都今撥入富順鄉
新增莊一東岡頭

富順鄉　在縣西北三十五里第三十第三十一第三

十二都領圖四領里四長敬新安溫泉慈烏領莊五十三　富順　錢邨　福坑口　下相　金貂嶺下　西青　安家　楓田嶺　潭石　榆林嶺　柎

平　鄭墺　山王　湨雅　黃箭嶺下　官閘古嶺　湖頂山　九里斜　護國嶺　林盛　下東山

石倉　佛頭　穀來　白洋湖　上陳　和尚田　和尚菴　溪頭　城後　馬邨　舉坑　卞家山

同坑彎　橫路坑　箭潭　西洋坑　呂墺　高腳峯　下坂　北墺　小洋坑　榆樹　桃嶺　袁家

嶺　小崑　小夏　雙溪　泥牆裏　白木嶺　烏尖　乾竹山　青童嶺　西鄭

崇安鄉　在縣西四十里第三十三第三十四都領圖

三領里五澄清懷善依賢化俗清安領莊五十　崇仁　下

王家寺　金沙　黌院　下院　三溪　山下　戴溪　王東山　坂頭　南山　水門口　流沙　米

塢　上培　石山屏　培坑　高山　半程　任家山　鄭塢坑　鑱箭塢　苦竹溪　暘坑　硤石

上朝 梅溪 葛嶴 徐家培 長坑 焦坑 下王 紫巖 上周 范油車 樓家 下相 溪西蔡墅 丁家 黄家 何家 下路頭 重疊嶺下 溪口 下郭 陸家 箭坑 宣家岡 定林寺

羅松鄉 在縣西四十里第三十五第三十六都領圖二領里五紫巖雙壁中川斷金豐樂領莊二十五 沈嶴 石黄 前後白竹 朱嶴 合興 星堂 下方山 羅松 相家亭 黄泥塘 袁家 前家坑 張家山 下張 寺根 趙宅 下陳 孔嶴 渭沙 馬家潭 陸家 新渥 趙家 溪頭 大仁寺

剡源鄉 剡錄源作元 在縣西五十六十七十里不等第三十七都領圖二領里五尊賢詹成中和光明崇善領莊

三十六
郷城 下王 金郵 半爿樓 棗園 荷
花塘 周郵坂 黃村嶺下 白木園 市
西園 花園岡 杜塘 苦竹 山口 董郵 巖
頭璠田 上下獸坑 高塘 茶坊 長坵田
岡下 東坑 嶺下 道場 吳家灣 松明培
董家坑 冷塢 樓羅山 白雁坑 分水岡 紫
竹 茶培 上下
鹿苑寺 白雁山

太平鄉 在縣西七十里第三十八第三十九都領圖
三領里五碧潭擇賢懷仁建昌懷信領莊三十九 高墈
頭 屋基 石硔 崑溪 黃家宅 下防山 王
金叢 橫店 石下洋 土 下南莊 前安 大崑
石刺嶺 高地搭 卞坑 東園 橋頭 周莊
胡雙 俽宅 栗樹坑 水竹菴 上胡 麻家
安宅 殿口 深溪 新屋 錠山 下富 下
屠張坑 尚義 上下鄭 前宅 上周 杜郵
中山
嶺頭

長樂鄉　在縣西南七十里第四十第四十一都領圖二領里五陽明崑山昭仁禮義甯安領莊二十四企潭

厚仁坂　宅前　尤家郡　橫山　上層　下層

杏溪　貴門　下安　白宅墅　後宅　上塢山

塢巖坑　沙坵　上里　長樂　砩前　新增莊一

茭塘　高沙　朱郡　呂墺　梓溪

百秤

坑

開元鄉　在縣西南六十里第四十二都領圖二領里五靖居迴鄉招仁居賢冰魚李志作水魚領莊一十九開元

宕塘頭　西金　棗園　西朱　下英山　小溪

灣　沈大灣　石井　高家　珠溪灘　石佛橋

下曹　後田屋　寺塘頭　蓮

前王　茹塢　求家山　新增莊一塘

繼錦鄉　在縣西南三十里第四十三都領圖一領里

五馴善攀轅鳴絃戴星李志作戴里遷星領莊二十一方山
上下沙地　樓下　花橋　鄭莊　後史　水路
坝　湖前　湖頭　盧芳　羅郵　大田　方口
丁莊　西英　祝郵　王由來
張家　湯園　宅根　上王

積善鄉　在縣西南五十里第四十四第四十五都領圖二領里五南巖雙璧豐樂李志作農樂中川斷金領莊二十二
上下路西　上下蔡山灣　前王　陳家
大王廟　王門頭　西景山　大路張　周
郵　王家　上朱　葉家　東張　東王　西王
塘頭　宋家　官嶺腳　黃坭山　許郵　上沙坂
上下
史園

桃源鄉　在縣西三十里第四十六第四十七都領圖四領里五永闡白泉長樂崇信安居領莊五十二下晛

下吳　王箭坂　湖頭　中高　上高　王郎地
東王　朱家　仙人橋　紅市橋　梅淵橋　金
家沿　沈家　塘下　白泉　吳家田　帝家　汪
家　尹家　建安　甘霖鎮　珏芝　官屋基　求
家勘　後愛坂　上莊　上下王　下湖　湖嘴頭
上屋　黃勝堂　厥家　前王　倪家渡　姜家
後宅園　上坂楊　下楊　泰家樓　鴨舍坂
下沈　俞家碓　孫郵　高家　新塘　趙家　雅
言樓　上湖蔭　中湖
過郵　新增　莊三蔭　下湖蔭

清化鄉　在縣西二十五里第四十八第四十九都領
圖五領里五招賢懷善開明欽賢集善領莊三十一
雅堂　張家郵　溪邊　暘橋　魏家橋　東湖塘
祝郵　西吳　王山頭下　查郵　支鑑路　上
下杜山　朱家凹　范郵　招龍橋　仕墓頭　後
朱　前朱　西金　浦橋　外宅　施家　白坭敦
葉家畘　郭家車　江田　後潘
戚家碑　東山頭　祝家　謝家坂

禮義鄉　在縣西南六七十里不等第五十第五十一
第五十二都領圖五領里五長安仙林平樂懷忠新
茅岸 李家 江下 光明堂 施
安領莊六十八 任 孟愛 西來 金雞山 下張
菴 板頭 西趙 卜家畈 唐家園 東山 利
塢 高田 白巖 葉邨 西施巖 嶺根 大坵
巖 大溪 漢溪 𡾊嶺 丁家店 八畝屋 蔣
家灣 平頭 上莊 東坑灣 蒼蒲屋 嶺下坑
溪塢 石岱山 西景屏 溪口 董邨 相家
嶺 高岸頭 嶺下莊 小岱山 寶溪 蒼巖
長安 湖裔 東園 殿前 和尚殿 施家奥
大坑 天興菴 瓜渚 上舍 田東 楊家屋
柿園 盈山 淡竹園 王家 樓下 風羅佁屏
東陳 西陳 大巖坂 小坑 孟坑 石道地
何家屋 新增莊二
升平鄉　在縣南五里二十里不等第五十三第五十

四都領圖四領里五承霞靖豐尙賢太和五山領莊五十五
南渡　高家　馬路堂　謝墓　南田　笆衕
王家　宓家　袁家　上王　東王　上高
家　高部　黃泥橋　橋裏　茶坊　墩頭　上島
潭遏　上南田　中南田　燕窠　巖下　和尙
山　王秀灘　鄭家　碧溪　上碧溪　藤繞樹下
抱寨　新市　光明堂　江東　演頭　水家橋
趙嶼　淌源　馬家　下馬　潭頭　小碑　中央宅
姚家橋　高坂　搗臼　上馬　上墓　邵家
章家　杜山　車欄門　後王　葉家
雅致　雅艮　牛塘　白沙地　大洋　新增莊七

除舊莊一

德政鄉　在縣北五十五里第五十五都領圖三領里

四大欽赤石奉化碧紗領莊三十九
長橋　寺下
大片地　干墺
黃荆山　陳郗　杜家堡　沈墺　溪灘　打鐵
嶺　三界　金家山　楓樹嶺　沈塘　清水塘

蛟藤樹下 前巖 巖家 任家衖 衖堂山 祥
隆堂 仁樹嶺 袁家塘 前墺 茶園頭 大董

溪頭 蔣岸橋 大
嶴 張家 裏壩
新增莊八
西坂菴 新張家
高道 黃鑑塘

黃獻灣 舊宅
後董 坟底塘

東土鄉　在縣北六七八十里不等第五十六都領圖

二領里三美箭謝公迴潭領莊五十七 杜家山 張
蔣 外崗山

寺前 芝塢 孫墺 西謝 長嶺 袁墺 廟
主溪邊 上王 萬家墺 石礲 橋亭墺 沙

椰樹下 沈墺 銀沙 董邨 韓家 顯潭 舒
邨 厂岸 雙溪 喻宅 李黃 宮地 橋裏

暘樹嶺 巖潭 塘邊 莫墺 溪西 塘裏 王
成 李家 下墺 橋外 于坎 陳家園 馬溪

佛頭 錦溪 嶺後 北塔
前山 胡邨橋 趙墺 齊後
新增莊八
桃花灣
安基灣

湖等 太婆灣 雙坑口
刀坑 牛頭嶺 疊石下

市鎮

城市　在縣城中以直街爲市心萬歷府志舊在招提坊久廢後遷化龍門内復以火廢康熙九年改建縣前望仙門以單日爲市而東西北各街近亦闤闠鱗次貨物蝟集乾隆李志下同

浦口市　在縣東十五里以雙日爲期

北莊市　在縣東六十里舊志作四十五里以三六九日爲期

華堂市　在縣東六十里後廢乾隆李志今復以二五八日爲期新纂

王澤市張志作黃澤　在縣東南三十里嵊新界以單日爲

期道光李志

馬術堂市　在縣南五里以單日爲期新纂

上碧新市　在縣南十五里以四七日爲期乾隆李志

兩頭門市　在縣西南三十里以單日爲期乾隆李志今改雙日市新纂

開元市　在縣西五十五里舊志作五十里以一四七日爲期乾隆李志今改雙日市新纂

太平市　在縣西六十里以二五八日爲期乾隆李志今改雙日市新纂

長樂市　在縣西六十里以三六九日爲期乾隆李志今改

單日市新纂

崇仁市 在縣西北三十里舊志作三十五里以單日爲期

石璜市 在縣西北四十里以單日爲期道光李志下同

大王廟市 在縣西南四十里以單日爲期

三界市 在縣北六十里萬歷府志作七十里以二五八日爲期乾隆李志今改單日新纂下同

蔣岸橋市 在縣北七十里界聯會稽以三六九日爲期乾隆李志今改單日市

雙港溪市 在縣北八十里以一四日爲期 舊有上岡蛟井黄城三市今廢道光李志

剡鎮　在縣東南一百步今廢嘉泰志　按嘉泰志云舊經所載如此今遺蹟不可復考近邑民於縣西南惠安寺前池中得片石題贍都鎮下有文云當鎮奉勅旨重開河道闕池子以防火燭闕己丑之歲二闕日開此淨地闕畢工故記於此漫不可辨李府志　按吳越王錢鏐改剡爲贍有贍都鎮意此石卽五代時物也乾隆李志

浦口鎮　在縣東十五里乾隆李志

蛟井鎮　在縣西一十五里舊志作二十里今廢　舊經所載刻石山下有井井中有蛟因是爲名宋宣和四年置嘉泰志

晋溪鎮　在縣東四十五里道光李志

華堂鎮　在縣東六十里乾隆李志

甘霖鎮　在縣西南三十里乾隆李志舊名兩頭門嘉慶初歲旱邑令沈謙往天興潭禱龍回至鎮遇雨更今名

新纂

開元鎮　在縣西五十五里舊志作六十里乾隆李志

太平鎮　在縣西六十里道光李志

長樂鎮　在縣西六十里乾隆李志下同舊志作七十里

崇仁鎮　在縣西永富崇仁兩鄉

三界鎮　在縣北六十里舊志作五十五里隋始甯治初隸會

稽明成化間改隸嵊有城隍廟鐘鼓樓皆始甯遺蹟
有常平倉便民倉申明亭公館設防守一員兵四十
名今併廢

嵊縣志卷三

郵鋪

宋訪戴驛　在縣左訪戴坊宋嘉定八年道光志作六年今從夏志及剡錄令史安之改建於東曦門外水行用舟陸行用車人以爲得津堠之要焉夏志今廢

元三界驛　在縣北六十里三界元至元中置設提領一員吏一人防夫十八馬十匹船十隻夏志今廢

嵊惟南北爲通衢故鋪之在南北者凡八所

總鋪偏僻　在縣前上至五里鋪五里下至八里洋鋪十里館有門有廳三間有屋十餘間繚以垣　國朝康熙

九年燬知縣張逢歡捐貲重建李志今被兵燬新纂鋪司

鋪兵四人李志周志作鋪司一人鋪兵五人

五里鋪偏僻在縣南一都上至天姥鋪十五里下至縣前

鋪五里弘治十二年建東廊三間葺舊廳西廊各三

間郵亭正門各一間繚以垣夏志　國朝康熙九年燬

知縣張逢歡典史毛鼎鉉重修張志同治元年復燬於

兵新纂鋪司一人鋪兵四人李志

天姥鋪衝要在縣南一都上至三溪鋪十里三溪鋪爲新昌縣界下

至五里鋪十五里弘治十二年建正廳三間東西廊

各三間郵亭正門各一間夏志萬歷間知縣萬民紀及

張時暘修之　國朝康熙間知縣張逢歡復修之張志

今圯鋪司一人鋪兵五人李志

入里鋪偏僻在縣北十九二十都一名迎恩鋪上至縣前鋪十里下至禹溪鋪十里弘治十一年建正廳三間東西廊各三間郵亭正門各一間夏志　國朝康熙間圯知縣張逢歡典史毛鼎鉉重修張志壽亦圯鋪司一人鋪兵四人李志

禹溪鋪偏僻在縣北十九二十都西至入里鋪十里東至仙巖鋪十里弘治十二年建正廳三間東西廊各三間郵亭正門各一間續以垣夏志萬曆間知縣萬民紀

及張時暘修之　國朝康熙間知縣張逢歡復修之張志同治元年燬於兵鋪司一人鋪兵四人李志

仙巖鋪偏僻在縣北十九二十都上至禹溪鋪十里下至楮林鋪十五里弘治十二年建正廳三間東西兩廊各三間郵亭正門各一間繚以垣夏志後燬　國朝康熙九年知縣張逢歡重葺張志同治元年復燬於兵鋪司一人鋪兵四人李志

楮林鋪衝要李府志作楮林鋪在縣北二十一都上至仙巖鋪十五里下至上館鋪十五里弘治十一年建正廳三間東西廊各三間郵亭一間正門一間夏志萬曆間知縣

萬民紀修之　國朝康熙九年知縣張逢歡復修之張志尋圯鋪司一人鋪兵五人李志

上館鋪衝要在縣北五十五都上至楮林鋪十五里下至池湖鋪十里池湖鋪爲上虞界弘治十三年建正廳三間倭房二間東西廊各三間郵亭一間正門一間夏志萬歷四十六年知縣張時暘修之　國朝康熙九年知縣張逢歡復修之張志尋圯鋪司一人鋪兵五人李志

賦役全書嵊衝要三鋪上館鋪楮林鋪天姥鋪司兵各五名偏僻五鋪縣前鋪五里鋪仙巖鋪禹溪鋪八里鋪司兵各五名

每鋪設鋪司鋪兵外總鋪另設驛使一名又設吏一

名總之曰鋪長凡鑼鼓燈傘旗帽日晷黃袱夾板油
紙之類俱全

兵防

駐防把總一員浙江通志係千把總輪防協防外委把總一員城中駐防官一員兵五十名三界駐防官一員兵四十名李志馬步戰守兵五十名浙江通志作二十九名李府志作馬兵一名戰兵三名守兵九名官例馬二匹戰馬二匹

國朝同治七年定一十七名

三界塘 仙巖塘 南門塘各設煙墩三座守兵五名係縣汛兼轄李府志

民壯 明額設一百名以守城池倉庫張志嘉靖間海寇汪五峯亂增置正副額共二百名霜降演習戚繼光鴛鴦陣法李府志作民兵四百名 國朝康熙七年裁存十六

名九年復至五十名後因捐解俸工裁汰雍正二年
奉
旨准各省州縣額設五十名俱募壯健者充補內分鳥
鎗二十名弓箭二十名長鎗十名與兵丁一體防守
四年奉
旨准將馬快八名添入班內合爲一役學長鎗以專操
習十年裁存三十三名內撥大嵐山三名李志下同

王雨謙廉書戚繼光爲浙江都司僉書以義烏人故勁慓言督府請練爲兵募三千試之而江南蒲澤多走險不比江北地夷可兼驅者乃爲鴛鴦陣陣十有二人隊長前次夾盾次夾枝兵次四人夾矛次夾短兵樵採居後其節短其數分明其步伐合地宜其器互相鬪

鄉兵　明天啓間流寇爲亂每里設鄉兵一名共七十六名　國朝順治五年四山皆盜知縣羅大猷每坊置十名每里增置九名共八百二十名糧皆里出順治八年裁去四百名十六年又裁去二百名十八年又裁去一百十八名仍存八十二名康熙七年盡革咸豐年間粵匪亂各鄉奉　憲檄設立團勇無定額糧由民給事平撤去

教場　在拱明門外爲武生試射民壯演武之所舊有演武亭三楹霜降日以祀旗纛今圮

管解寨剡錄作管界　在二十三都永富崇仁二鄉宋紹興

二十年浙東諸司奏置設官一員弓兵百名後改巡檢司明革

長樂寨　在長樂鄉按長樂寨據剡錄及周志夏志張志俱在四十都長樂鄉至今稱上下寨嶺乾隆李志道光李志作白峯嶺者誤今校正宋宣和三年知越州劉韐奏置設官一員額兵二百名剡錄作一百名弓手九十八人元改巡檢司明革

鮑家寨　在五十三都禮義鄉無考

軍器　明崇禎間置弓矢長鎗鳥鎗火毬火磚火藥各若干以鼓樓下東側爲武庫　國初廢

歷代戰守

漢三國時吳以賀齊爲縣長誅奸吏斯從從族黨攻縣齊討平之詳見名宦賀齊傳張志下同

齊武帝時山賊唐寓之爲亂令張稷禦之

唐寶應元年台賊袁晁爲亂往來剡邑李光弼遣將張伯義平之

咸通元年春正月賊裘甫據縣觀察使鄭祗德敗績夏六月觀察使王式討平之詳見畱績王式傳

宋宣和二年庚子睦賊方臘攻縣知縣宋旅戰死明年春知越州劉韐討平之詳見畱績劉韐傳

元至元二十六年甯海賊楊應龍分寇新嵊天台王甕

吉解台郡志云諸王龔吉解時諭婺州率兵討之與浙東宣慰使富弼討平之天台縣志按新昌縣志云是年二月婺寇楊應龍入邑焚掠達魯花赤火普思率與賊戰會嵊兵於東陽討平之新嵊以安

至正年間方國珍遣兵掠縣自十八年至二十一年寇每歲竊嵊縣治學校逐次焚燬擄掠山鄉婦女多不辱而死者詳見烈女傳二十二年縣境盜起肆掠一空三十三年癸卯邑民執尹陳克明至婺州明師先於戊戌取婺州帥朱文忠守之遐邇歸誠嵊民執尹至婺州推邑人那雄攝縣事後元帥周紹祖鎮縣仍受元正朔張志下同

明宏治九年溫賊入城劫縣庫

嘉靖三十四年倭彝掠新昌抵嵊時邑令吳三畏方築城倭見城上列火并聞呼譟聲遂遁走上館嶺會容美兵伏起追入淸風祠斬俘一百七十餘相傳王烈婦有靈焉迨城工將畢倭又自台流嵊三畏督兵民嬰城守倭復遁

崇禎十六年奉化賊竺文竺武屯聚大嵐山撫按檄奉虞嵊新四縣會勦是年冬知縣蔣時秀率民壯鄉兵駐剡法祥寺約束無法壯役冒掠山僻婦女有不辱死者置勿問

十六年東陽賊許都叛次年春嵊太平鄉獲賊黨僧

妙員等六人巡海道盧若騰戮於演武場

國朝順治五年嵊山多盜知縣羅大猷置鄉民八百二十名六年己丑二月二十五日嵊城破見行在陽秋錄

康熙元年知縣焦恒馨被訟在省鄞賊乘虛夜劫後衙不動倉庫官鄉兵追之至土塊而還張志下同

康熙十三年耿精忠反先寇浙東賊將趙沛卿等附嵊城甯海將軍固山貝子福喇塔遣叅將滿進貴知府許宏勳知縣張逢歡分路進勦連敗於開元太平長樂等處嵊遂平詳見畱績固山貝子傳許宏勳傳及名宦張逢歡傳

咸豐十一年辛酉四月粵匪竄金華八月據東陽有

竄嵊城狀城鄉設局防堵嵊西白峯嶺界東邑爲甯紹門戶撫軍王友麟遣郡紳孫士達參將葉聖言領提標兵二千五百名守之歷月餘賊燄益張孫撤去聖言守如故至十月初退嵊城十一月初六日賊將范汝增由稽邑陶隱嶺竄嵊賊將黃呈忠暨賊目周勝富由暨邑上谷嶺竄嵊各擁賊數萬紮崇仁鎮參將葉聖言會鄉兵拒之兵寡不敵賊遂於初七日巳刻陷嵊城居一日范汝增由嵊南攻新昌南民團截於南渡汝增折而西走黃呈忠由嵊北攻上虞北三十六社咸死守呈忠連擊十餘日不能進至十九日潛

由遊水嶺入遂焚燬長橋陳郝黃金山等處殺戮尤慘二賊去嵊留周勝富守城勝富焚城外房舍四圍斬木塞壘以障之每月遣賊數十或百餘人出各鄉掠復勾通遊匪與民團相攻擊十月初十遊匪自暨陽竄嵊西鄉團禦山口莊甏賊數十後賊蜂擁至鎗炮連轟莫能禦武舉錢鎮雄錢鎮嶽等死之十一月十二日胡黃二賊自暨邑竄嵊北踞苦竹溪和尚菴附近民團會擊之二賊分遁暨邑及嵊城十三日西南團攻花旗賊營先是十月十二日花旗賊目魏建安率匪十餘萬由白峯嶺竄踞太平長樂開元等

處連營五十餘里蹂躪甚慘是夜西南團東草持火分道攻擊喊聲震地殺死賊目無數賊仍從白峯逼西團踰嶺緊追直逼東陽城始還至白峯嶺及大嶺作鬭小溪等處守之由是嵊西肅清十五夜嵊賊周勝富會新昌賊分燒碧溪蒼巖等處甚兇湧以蒼巖等莊倡義攻營也二十一日西團往攻東陽城時西團董意謀攻城恐東邑賊匪出爲聲援計議以攻作守分領團勇數千名會合東邑團董同攻東城次日賊哭出南門東人先潰西團因力不及敗回死者數十八人二十二日西南團合攻嵊賊已薄城將登梯見

後隊不繼潰明年正月西團復會各團於二十二日攻城分擊西北二門賊樹柵塞橋早爲備攻之不克乃退守甘霖鎮賊旋至餘姚調馬隊四百匪三四千於二十九日冲突西鄉大肆焚擄而還三月花旗賊乘間復踰大嶺傷民團甚夥時板宅莊民十七人善鳥鎗奮身回殺斃其梟賊始退嗣後不敢窺嶺四月初十日賊自上虞竄嵊北踞江沿日出焚掠惟獨山大山善鎗炮屢攻不破此外沿江邨落遭賊害者凡六月十三日甯郡復十五日賊目那天義自甯遁入嵊陳公嶺浆小山馬鞍遶黃塘橋東團與賊交鋒少

挫之十九日賊目顧天義又自甯遁入嵊清風嶺紫山前何家郵東鄉團合擊之遁裏坂二十日復攻裏坂賊出抗於八里洋殺傷相當越二日二賊前後夾擊鄉團首尾不相顧遂退守要口賊亦退入城夏五月東團會官兵攻城約於本月二十日寅時集城下至期東團前隊紮楊溪岸東後隊紮楊溪岸北官兵未至忽天大雨軍火皆濕賊從東北二門翼而出猝爲所圍俟後隊往救而前隊已失利矣二十一日東團復會合官兵於塔山下殲斃賊數十名城賊由楊溪渡繞我後遂敗績武生單殿彪死之陳朝雲暨八

也有勇名七月初與余寅朱之琳等率團勇數百過甬江嵊士民苦攻城不利共赴道轅籲請陳朝雲會勦十一日陳朝雲會前嵊令史致遜典史李承湛至嵊華堂設局二十三日北團擊平水遊騎於丁岸斬百餘級釋擄民甚衆賊遁上虞八月初六日陳朝雲帶本部勇屯茶坊札會各團於初八日攻嵊城賊偵知之暗調馬隊鳥鎗萬餘於初七卯刻沖茶坊營衆團未集朝雲軍不支僅以身免而寅與之琳殲焉龍亭山下和尚殿莊團勇百餘名甚勁男婦老弱奔避者不下二千自辛酉冬歷十餘月賊不得上山焚掠

陳勇潰循衛男婦遠避力戰死者十餘人十七日北
團擊那賊於鍾家嶺賊遁諸暨二十四日那賊由諸
暨復竄焦坑下王等處北團回擊於坂頭小嶺頭賊
由嵊南入新昌閏八月十三日暨邑賊數萬入榆樹
高腳峯等處嵊北台稽東鄉兵三千攻之敗賊於雙
溪橋尸橫遍野釋被擄者數百賊遁童家嶺綠岸鄉
兵追之賊復遁會稽馬黃嶺九月中旬賊攻南山焚
掠甚慘十四日賊廬至團勇數百以計斃賊八十四
人有中葉邨錢某持鳥鎗伺賊更次放之斃賊目十
三人乃退城賊周勝富聞北團之勁也九月十八日

合諸暨新昌會稽上碧溪江沿等處賊七股共十餘萬竄北山擊於葑田嶺北團應接不暇退守緇巖頭畫廟后逼之團勇死者數十人老幼被害者二三百人縱火延燒數十里各團勢蹙甚尋前甯紹台道張景渠克復餘姚上虞賊竄嵊比團截擊於王沙樁樹等處斃賊甚夥各團復奮勝寗知四面受敵勢不可留遂率城鄉各賊並於十月五日遁嵊乃平新纂

水利

碶

上渠碶下渠碶各長一百五十餘丈里下設碶長領之　以上一都乾隆李志下同

陳塘碶長五丈二都

桃花碶長二十餘丈　吳家碶先爲洪水坍塞明萬歷三年修築今廢　以上三都

大巖碶長二十丈五都

守山碶　臨安碶　縱枝碶各長一百餘丈　前花碶即東郭碶今圯　桃花碶各長五十丈以上六都

棠溪碶長一百餘丈　國朝乾隆十六年吳姓公濬灌田千餘畝道光李志下同

山前坂碶　國朝乾隆十八年吳姓公濬

灌田二千餘畝以上七都

黄濟渠碶長五十丈乾隆李志下同黄澤碶長八十丈國朝康熙四十三年魏胡葉張四姓重修灌田一千五百畝下通賴石碶灌田三千畝

湖北新碶長一百丈嘉慶七年魏姓浚築灌田千餘畝道光李志

賴石碶長五十丈雍正二年唐葉山王莊築灌田千餘畝

宕頭碶乾隆李志下同大淺碶以上八九十都

許宅碶長十丈任泉碶長三十餘丈以上十一十二都

雙巖碶舊名香園碶灌田二千畝十三都道光李志

梅林碶長十五丈十五都乾隆李志下同

干浦碶長二十丈曹娥碶長十丈以上二十二都

油草碶長六丈道士碶以上二十三都

趙碶道光李志下同漢碶暘古碶秋頭碶乾隆李志下同黃城碶各長三十丈澄塘碶長二十丈以上二十六都

相家碶長二十丈黃巖碶長六丈黃石官碶靑水碶以上俱乾隆李志二十八都

長善新碶道光李志洪婆橋碶長二十餘丈乾隆李志下同油草碶長二十丈

國朝康熙間縣丞胡玒督濬胡洋碶以上二十九都

下黃坂碶長十八丈水入[illegible]橋口上灌富順田下流灌范邨等莊田查道光李志載高橋碶在四十八都其樣實一碶兩名非兩碶今刪正新纂

頭𥖄長二十丈　秋篠𥖄長二十餘丈以上三十都乾隆李志下同

城後𥖄長十丈　黃家塘𥖄長二百餘丈以上三十二都

下齊𥖄長十丈三十三都

苦竹大𥖄長二十丈三十四都

苦竹𥖄三十五都

鐺黃𥖄長二十丈三十六都

王金𥖄長三十餘丈道光李志　新石𥖄長三十丈乾隆李志下同　石硑𥖄長十

餘丈以上三十七都

八畝𥖄李府志　白肚𥖄長百餘丈乾隆李志下同　橫溪𥖄長百餘丈以上三

十八都

古硔三十九都

沿巖硔長三百丈四十都

前田硔　石古硔　苦竹硔以上四十一都

通渠硔　胡家硔　菖蒲硔長三十丈以上四十二都

梟硔李府志　洸郎硔或作聖浪乾隆李志下同　史鐵硔以上四十三都

東坑硔道光李志　阜角硔長二十丈乾隆李志下同　新橋硔以上四十四都

宋家硔四十五都

烏鱸灣硔道光李志　康郎硔以上四十六都乾隆李志下同

俞家硔長百餘丈　昇溪硔　新石硔　新硔道光李志下同　湖硔以上四十七都

楊廣磡長數百丈乾隆李志下同　龍西磡長三百丈　西湖古磡長三十餘丈道光李志

碑石磡乾隆李志下同　戚家磡長四十丈以上四十九都

浩江大磡長五百丈　石鼓磡長二百丈　崇禎間鄉民李嘉壽倡濬後淤　國朝康熙間典史毛鼎鉉督濬其後嘉壽裔孫學海復督同修築以上五十都道光李志

浩江太磡乾隆李志下同　陳郁磡長二十丈以上五十一都

烘通磡道光李志五十二都

深林磡長一百五十丈乾隆李志下同　潭過磡長七十丈　湖塍磡長一百三十丈

湖塍新磡　舊在嵊新交界五都郁上里許嵊人築以

灌田　國朝嘉慶十七年洪水衝淤民苦無水灌溉欲另開新砩致與新民上控委員累勘不決二十年邑侯方秉稟請府憲趙秉初親勘與新令力爭於舊砩迤北十九弓低窪處開新砩闊一丈深六尺斜長三百零二弓接引溪水新人灌田三百畝嵊人灌田一千六百餘畝每新人灌一日嵊人灌五日詳憲立碑案遂定嵊人感方侯之德爲建生祠於砩側以上五十三都　道光李志

源通砩長二百餘丈乾隆李志下同　益通砩長一百餘丈　萬歷間洪水衝坍邑人趙明峯復修治之以上五十四都

陳大砩 長五十丈 五十五都

塘

抽塘 在邑北門內城腳 新纂

愛湖塘 一都

黃塘 沸泉冬夏不竭 二都

何家塘 廣十畝 七都

任帲塘 八九十都

妳烏塘 十四都

西山塘 十五都

淸隱塘 十六都

俞家塘十九二十都

廣利塘界十九二十二十五都

沃塘二十都

漢塘二十五都

官塘三十六都

蘆塘二十七都

普惠塘四十二都

道塘　貫家塘四十六都

新塘　東湖塘　國朝嘉慶間金張兩姓中築一堤分而爲二水利便之道光李志　西湖塘以上四十八都乾隆李志

外湖塘　俗呼爲大洋塘五十都道光李志

麗湖塘乾隆李志下同　古蹟塘長四十丈五十一都

洌潔塘五十三都

隄

萬金隄　在太平鄉崑溪發源東邑直注西門橋東北民居千餘家田二千餘畝賴以灌溉地勢低下漲即爲患　國朝乾隆十九年監生應佩絅郭君實按畝勸捐築石爲衛期年成曰萬金隄二十八載大水隄壞稟生應紹濂及邢協熙應乾郭萬年等復勸捐修築長二百六十餘丈高一丈六尺厚二丈五尺俱以

大石壘成李府志

萬寶隄　在太平鄉萬金隄下保衞田廬千有餘畝國朝乾隆四十五年大水沖坍合鄉紳士呈請修築至五十六年及嘉慶六年二十五年道光五年壘遭水激旋修旋圮里人欲爲一勞永逸之計捐有田畝隨時修補築石壇高砌平爲路隄長一百餘丈高一丈八尺闊二丈有奇道光李志下同

白沙隄　在縣北五十里李家蒲莊　國朝咸豐四年朱文琳等捐修上自牛山下至白沙長四百餘丈高一丈八尺隄首山麓建新閘坂田得禦水災者凡二

千餘畝

福壽隄　在縣西三十八都水自西白山出奔注嶀頭莊　國朝嘉慶二十五年里人按畝捐築計長一百二十餘丈闊二丈高一丈

附水碓水磨水車水龍

水碓　藉水之力以舂有三制平流則以輪鼓水而轉峻流則以水注輪而轉又有木杓碓碓幹之末刳爲杓以注水水滿則傾而碓舂之唐白居易詩雲碓無人水自舂是也

水磨　以水轉輪以輪轉磨

水車　置流水中輪隨水轉周輪置大竹管經水中則管皆滿及轉而上管中水乃下傾用以代桔槔制皆機巧韻書水推曰繙車

水龍　嘉慶八年署邑令陸玉書造水龍一具旋廢二十年邑令方秉教諭葛星垣復倡造正備水龍二具於城內構數椽貯之道光李志

葛星垣記畧浙江諸郡皆置水龍而其具莫精於吾禾甲戌春余秉鐸來嵊是年自夏及冬城中數被祝融之烈邑侯方珊洲先生憫之商於余會武林吳柘軒上舍業鹺於剡素好善與余最契余述邑侯之意慫慂之柘軒即於同業中商集經費仿照不式置水龍二具水斗若干隻構數椽貯之且選有力者幾輩教以浙西運龍之法經營數月事乃成同志中有曹君鄘波吳君建初身任其事而董率之一切規條立簿以垂久遠余喜柘軒能體邑侯愛民之心共成

義舉并喜曹吳兩君踴躍辦公不辭勞瘁之力尤爲難得也是爲記

李式圃紀略水龍始自有明從西洋流入中國其製鎔錫爲大壺腹用機關以手激水而上噴薄如驟雨誠救火良器也嵊邑城廂內外居民稠密溪河遠隔偶有火警取水基難予竊憫焉茲詢東西化龍三門前署令方君秉學諭葛君星垣倡捐經各紳商一等共置水龍五具而南北兩門並無置備已飭令其一體捐置至縣廨向有水龍兩座及水桶撓鈎等物倡自前署任陸君玉書惟年久不修俱已殘缺朽壞余既捐廉將一切器具重加修整仍照舊章交壯役收貯公所一遇有警立即赴救以期一有備無患並令各鋪戶於門首倣會城皆設大水缸一隻隨時滿注庶幾便於提汲以濟水龍之用夫水之性就下搏而躍之僅可過顙今迺能上激至十餘丈許機愈動則水愈高其法爲甚巧而救火之力甚大而普推之一鄉一邑之間倘得各備數具雖有燎原之火亦無難立時救熄則思患預防以拯閭閻之烈禍夫亦何非有司者之責與

咸豐辛酉被毀同治三年東門內復置普安集水龍

公置田五畝零五年添置天一龍永濟龍東門外置一善龍

北門置安慶集水龍南門置保安集水龍新纂

橋

大橋　三板橋　在東隅乾隆李志

南門橋　在南門外南津渡當南北通津元末有浮橋廢明宏治十年邑人夏雷上書知縣請復之不報嘉靖二十六年知府沈啓張志作堅誤檄縣造木橋尋圮王畿記畧剡縣南二水合流南溯台溫北連吳越爲通津焉湍急最稱險阻舊官制渡舟人競渡多覆或以徒涉溺死民思橋爲利便郡伯吳江沈公以事涖嵊曰太守坐郡治不按部屬邑苦害無由周知除道成梁非王者之政乎既不爲鄭卿之濟人又不若漢丞相之治橋梁道里其何以稱良牧耶番禺鍾令奉議爲之民歡呼趨事踰月而木橋成名曰沈公橋萬歷元年知縣朱一柏置渡船二隻渡夫二名每年修理與工食銀共一十四兩

四錢俱派入條鞭內三十六年秋七月邑進士周汝登請知縣施三捷建今橋石礅石梁長亘里許廣厚通輿馬一名施恩橋周汝登捐銀五十兩爲倡嗣知縣王志遠縣丞王文運修之天啟間推官李應期崇禎間知縣方叔壯相繼增造復爲怒濤衝坍行人病之　國朝康熙間知縣張逢歡縣丞胡玨典史毛鼎鉉捐銀修葺乾隆八年知縣李以炎重修乾隆李志嘉慶四年圯邑人捐建道光六年張萬年捐修二墩道光李志　李式圃重修南門橋記畧剡溪之水西自太白山來支港數十皆滙於斯爲兩郡六邑之通津昔人因是架西南二橋以便行旅西橋水淺勢平鮮崩頹之患南橋水深勢仄易於衝坍其廢興屢矣嘉慶二年間大水南橋傾圯邑人捐而修之橋

長三十餘丈爲墩一十有三未五年而南岸圯監生
張永思接造三塊以寬其水勢其石梁石墩視舊加
固道光三年大水復漲三塊之北二墩又圯永思姪
萬年獨捐貲續修之惟北岸居民壘石建屋激水勢
而南南岸無石塘之固愈激而愈南水不能直趨橋
下則墩以橫激而易圯舊墩之下朽樁累累新樁雖
下而不深深不深則不固其墩又易圯修之恐難經久
萬年相度其勢易二墩爲一墩避朽樁以自立其基
改三洞爲二洞寬大其門戶以納狂瀾使不至有衝
激之虞令族姪紹麒董其工經始於四年七月告竣
於六年五月計費二千貫有奇是非特慷慨樂輸其
經營可爲周矣余於去年攝篆太平道經茲土維舟
橋下見其規畫盡善今涖任甫五月而橋適成既堅
既固亦完亦好可以爲永遠之計爰記其事俾勸諸
石三十年大水復圯咸豐元年棠溪吳崇璜復修改
一墩爲二墩二洞爲三洞新纂邢佳畹重修南橋記署嵊南濱溪舊據要津設
西南二橋以通行李而南橋每不及西橋之耐久蓋
橋之植立以墩墩之鞏固以址南橋北岸民多佔踞

河身築基以自廣水至激薄而南沙磧隨積隨嚙址泛不堅墩縣無薄旋修旋圮職此之由道光六年張萬年捐修二墩閱十餘年復毀其一攝令陳公募修積三年未有應者棠溪吳君寶亭經其處慨然有修復志遂諏日興工以是役屬林君小野董理族姪吳如桂佐之曰毋靳財毋惜費吾所期者二言而已矣林方鳩工庀材溪水驟乘又毀其二墩謂林君曰是波臣之相予也此受病與曩墩同不毀行且徹倘因循苟且塗塈附焉將因一墩以妨衆墩與其功垂成而旋隳之何如力未施而先圮哉已又并其未毀之一墩並撤之聞者益偉君所為君乃隨地審宜濬治敞址深過舊者幾倍又鱗次栰松木為址架失石其上累石成墩一墩之費幾二千金既君厄二豎度不起謂仲兄星橋曰弟蒙先人業飽暖以終夫何憾所耿耿未了者橋工雖粗有成緒惟橋南護岸當北來衝突之流工雖堅易脆前事可鑒既順水勢又避水衝就上游欹仄壘石作砥方杜前患工之喫緊在此終其事在汝輩矣星橋泣諾如君言紀理比君歿十月而橋乃落成君諱鏞字宗璜號寶亭此一役也費萬金有奇云

西門橋　在西津渡宋時建二十五船浮橋殿繫橋兩石柱猶存明宏治間建邑民黃漢二捨銀甃石爲洞橋甫成而壞更造石墩橫以木嘉靖二十四年知縣譚潛增墩爲十四易木以石萬歷二十九年知縣吳濟之縣丞邵斗重建　國朝初洪水衝激墩壞康熙七年知縣張逢歡縣丞胡玒典史毛鼎鉉邑進士尹巽各捐銀延僧明道募助修葺九年大水墩壞嗣是失修者數十載圮隤過半人多病涉乾隆八年知縣李以炎創捐重建乾隆李志　李以炎重建西門橋記畧乾隆四年秋予自湯溪調嵊五年大水六年又旱奉檄查辦戴星而馳不辭勞瘁蒙上司德意賑卹蠲貸吾民得以安輯七年而歲大

稔吾與民而後喜可知也聽斷之暇獲纂新邑乘爰逮膠庠壇壝廟社以次興舉念西門大橋久圮民猶病涉失此不圖後將因循於是首先捐俸二百金城鄉紳士勇往慕義爲予將伯程材量工既有日矣伐石於山山徑嶔崟不能輦致干鈞之石纍竹泭者五方克任載奈溪流蹇淺予方蹙然憂之已而霔雨滂沛衆泭乘流而下悉輳工所歡聲雷動驚爲天助嗟乎此一橋耳於寓縣經畫何異太倉稊米而川后効靈成功旦夕亦一誠所感橋經始於乾隆七年三月落成於是年八月跨水三十有五丈高一丈有三尺横七尺爲洞一十有五爲墩一十有四用白鏹九百有奇因記其巔末如此凡樂輸姓氏例得書於碑陰

金以成記畧王制徒江輿梁政之平者惠之大者今所在山水奥區皆津梁縮轂其口顧隤廢者半或磵曲谿危才通畧彴或淼瀰一碧自厓而反詎非司牧者曠若職哉嵊邑西門石橋成隳巔末詳邑志予勿贅嵊之爲邑四山沓沓遇霪雨則樹杪百重挾估荏亂石訇訇雷輥而下雖有橋道不能經久乾隆癸亥春李公慨然興建首捐俸百金士民樂捐者麇至於是徵役侍材衆工畢舉閱半載而成用帑九百公

將買石太湖以銘歲月有邨毗邑流嵌巖得巨石可
供鐫劖橋成而碑材涌出斯亦一奇也公又新葺南
門大橋南津東津兩渡各增船隻皆以是年蕆事盍
公善於集事其愛人利物出於眞誠愷悌而未嘗沾
沾近名邀惠是爲
得政之大體焉

嘉慶七年邑人周光煒喻大中周昌敬宋振羽等募捐重修

道光李志　沈謙記畧嵊縣西溪之水由西西白諸山
澗合東陽之流委折六七十里而達西城之下遇積
霖水發溪腹不容輒橫流入城數尺爲患最大又西
南諸鄉號稱沃衍聚落亦多民之往來城中者必踰
溪始達自前明建有石橋得免病涉然亦屢遭衝壞
隨時補葺而已　國朝康熙七年及乾隆六年吏斯
土者兩經倡修嘉慶壬戌余由閩調任茲邑紳士以
西門橋落成請記詢之則橋壞於庚申六月大水里
人周光煒等集議捐修好義之士踴躍襄助鳩工壘
石拆建增修經始於是年中秋訖工於辛酉臘月蓋
閱十有六月而成用錢四千五百貫有奇因是知修
舉廢墜者吏之職要未若居其地者之自爲之其用
心周而爲計遠也故樂爲之記其董事及樂輸姓氏

伐石另勒並立橋南之新建土地祠云道光間橋東北横路斜西衝係貢生沈永通買屋數椽撤而廣之

文昌橋　在朱公河口明萬歷間知縣譚禮建今廢乾隆李志下同

傅公橋　在朱公河口　國朝雍正十年會稽謝士先僑嵊建趙葛氏助銀六十兩後圯士先子單力修之

廣濟橋　在朱公橋左　國朝同治八年黃澤鎮余琢齋妻吴氏建新纂

子猷橋　在艇湖山麓晉王子猷返棹於此舊有橋明成化十年知縣許岳英重修隆慶間縣丞王廷臣立碑識之萬歷十八年西隅義民喻裁重建

蔣家埠橋　在縣東十里明萬歷間甃石爲洞下可通舟上劚石闌人稱花橋

謝靈橋　在縣東五里以謝靈運得名明成化間知縣許岳英重修

直瀆橋　在縣東十里魏姓建旁有茶亭曰一心

和尙橋　在縣東十里

闞山橋　在縣東十五里貢生趙梓倡捐修建道光李志下同

濟明橋　在縣東二十里官地莊　國朝嘉慶二十三年國學生魏鏞子雨沾等捐建李遇孫記略縣東二十里曰官地上達台甯爲剡東孔道郡前有溪受金庭四明諸山之水舊有石橋坍圮已久山水暴漲洪流澎湃行人病涉望

洋興嘆非一日矣國學生魏君諱鑣素以利濟爲心於此橋尤惓惓焉程材量工會計數載以老病不果臨終囑其子雨沾曰吾立志捐建是橋經費已裕今不及見深以爲恨爾等即勉力成之嘉慶二十三年雨沾與其姪敦五敦六等籌度辦理以竟先志遂諏吉興工募良匠選貞石親自督率雖風雨弗輟越數月告竣名曰濟明橋長六丈有奇高二丈廣五尺爲洞三計費千緡至二十五年大水衝壞雨沾復葺始終不倦俾得堅固完善而後已是橋也魏氏一門父倡於前子繼於後修廢舉墜民無病涉豈可無一言以告來者遂記崖畧俾勒諸石其族鳳貴三貴敦禮等樂襄義舉共費貲二百餘金應並書焉道光七年四月

咸甯橋　在縣東二十里湖頭莊里人魏詩建道光李志
國朝道光二十三年職員魏羽儀重修新纂下同

悌雲橋　在縣東二十里湖頭莊　國朝咸豐三年職

員魏春臺魏羽儀等捐建
九片橋　在縣東二十里過港莊
東明橋　在縣東二十里大屋莊葉姓捐建道光李志
廣濟橋　在縣東二十五里白泥坳莊　國朝道光十四年魏書命子謨承烈建新纂
許宅橋　在縣東二十五里乾隆李志
同善橋　在縣東許宅莊　國朝咸豐六年丁許兩姓倡捐建新纂
玉輅橋　在縣東三十里丁吉等建道光李志
清石橋　在縣東三十里乾隆李志

通甯橋　在縣東四十里　國朝嘉慶七年里人魏詩

捐資創建道光李志下同　李富孫記畧嵊爲山水奧區東行四十里許曰官園溪上接台甯

下通嵊越實爲剡中要道其東有簞山而溪在山之陽滙四明山西諸峽之水繞山行而南注溪西折以入於剡向無橋梁亦無舟筏每遇洪流暴漲浩無津涯行者皆病涉焉州司馬魏君詩嘗經官園溪見水勢瀰漫湍流迅激憫行人艱於濟渡於是慨捐己資召募石工開山伐石躬自相度形勢創建石橋七洞計廣八尺長逾一十八丈有奇積日累月親爲督視經始於嘉慶七年踰歲落成名其橋曰通甯由是自剡而入他郡者往來絡繹無望洋之歎復於橋側置茶亭路廊增建潮神廟三間施茶憩勞以資行旅又捐田四十餘畝以爲修橋茶薪之費子上舍春臺踵爲經理俾得永久不廢前後糜錢共一萬有五千貫噫魏君之慷慨好施不惜巨貲獨任以成茲橋非止惠及一方一世已也是宜記之以告來者

東梯雲橋　在四明山石屋下　國朝道光五年監生

張基聖妻呂氏建

晉溪橋一名會龍在縣東四十五里明宏治間邑巡檢姚順建乾隆李志

保莊橋　在縣東靈山鄉漁溪莊新纂

廣濟橋　在十四都　國朝乾隆間王杏芬建道光元年子煥文等重修道光李志下同

普濟橋　在十四都　國朝乾隆間王行先建

平溪橋　在十四都　國朝乾隆五十年王澍齡煥文志雲等倡捐建

華靈橋　在十四都　國朝道光元年里人捐建

廣惠橋　在縣東六十里

下萬緣橋　在縣東六十里蔡家莊　國朝嘉慶二年建十四年重修道光李志道光間蔡道助等復修改萬安橋新纂

上萬緣橋　在縣東六十里北莊　國朝乾隆間建道光五年重修改積善橋道光李志二十三年里人黃積盛倡捐復修新纂

萬安橋　在縣東六十里水口莊　國朝乾隆二十九年建道光李志道光間水圯東林貢生王鑑等捐建石梁五洞咸豐二年復圯庠生王彭萃王姓重建新纂下同

同善橋　在縣東六十五里忠節鄉廟前　國朝道光間捐建咸豐十一年單國棟單仁烜單松濤重建

長生橋　在縣東六十五里小柏莊　國朝道光間蔣鄒兩姓合建咸豐間單仁煇與蔣姓重建

濟渡橋　在縣東七十里明景泰間王湯仲建有屋五間乾隆李志

福德橋　在縣東七十里任塢廟前並跨三洞　國朝咸豐元年單國棟徐大崧竺洪鈞等捐建新纂

濟渡新橋　在縣東七十里里人竺學興王夢賚倡捐建道光李志下同

育麟橋 在縣東七十里上塢莊 國朝道光二年戚尙義建

萃靈橋 在縣東七十里乾隆李志下同

通濟橋 在縣東七十里陳公嶺下

瑞昌橋 在縣東七十里

三魁橋 在縣東七十里 國朝道光七年貢生王啟豐建道光李志今廢

下三魁橋 在縣東七十里 國朝咸豐間單國棟建新纂

環碧橋 在縣東七十里東林莊元許汝霖建旁生叢

楚色深碧巖寒不凋環繞如欄秋結紅實殊可愛玩道光李志下同

東坑橋　在縣東七十五里　國朝道光四年建

石蓮橋　在縣東餘上嵊三邑通衢泉岡俞文孝建孫九畹易以木水漲則渡以筏曾孫葆瑩復建屋數楹捐田十畝零爲歲修資新纂

金山橋　在縣東八十里上有廊屋乾隆李志　國朝嘉慶二十二年重修二十五年大水衝圮道光六年單正位等倡捐重建易木以石分爲二洞以殺水勢道光李志三十年圮同治八年單必從倡捐重建木橋仍蓋廊屋

合溪橋　在縣東蜈蚣鉗山麓新纂下同

永慶橋　太平橋　在縣東晦溪莊

雙魚橋　在縣東晦溪莊以石刻雙魚故名

化龍橋　在縣東俞家坑莊

魚涙橋　在縣東唐田莊

挽瀾橋　在縣東唐田莊

會象橋　在縣東唐田莊

永慶橋　在縣東唐田莊

積善橋　在縣東唐田莊鐘山之麓

上秀橋　在縣東皇恩嶺下

石井橋　在縣東十八都遊謝鄉楊家宅前兩岸石壁跨以木約二丈餘水深數丈旱涸時石壁鐫有字跡隱隱可窺尋

鎮西橋　在縣東十八都遊謝鄉貢生俞文孝建道光李志

小碓橋　在縣南五里新纂

三板橋　在縣南七里李志作東南

茅岸橋　在縣南八里嘉泰志作一十五里邑人馬元宰重建道光李志作縣西

下南田橋　在縣南八里新纂下同

上南田橋　在縣南十里

姚家橋　在縣南十里乾隆李志

溪頭橋　在縣南十里馬家莊新纂下同

上碧橋　在縣南十五里邑人袁國望建今名新市橋

潭過橋　在縣南十五里

黃坭橋　在縣南二十里象鼻山麓

橋裏橋　在縣南二十里湖塍渡

蒼巖石橋　在縣南二十五里

田東橋　在縣南三十里

殿前石橋　在縣南三十三里

西施巖橋　在縣南六十里禮義鄉　國朝道光間陳

正持正典等捐建

嵊嶺洞橋　在縣南七十里陳姓建

雙溪橋　在縣西南七十五里金潭莊　國朝道光元年錢釗捐建　胡筠記畧剡西雙溪洞橋之重建也明經錢君珍賢孫沛獨任之憊之精神者三世費鉅萬者再舉在州里之間亦可見仁孝之世載以德焉亦可見繼述之弗棄甚焉君子以爲難明經以貲雄一鄉而仁心爲質雙溪在舍西十五里橋以木石每山水暴漲木石不支行人病涉凶或滅頂明經集剎洞橋志久定而事未舉嗣君釗苦塊中繼而述之遵底法之于澤告成功於祥禫時道光三年癸未也由是從杭席上越險行者稱其仁論者稱其孝迺二十四年甲辰秋七月九日盲風怪雨嘷孽挾霹靂火競出上流三懸潭發洪逆壑咊鬗波譎睢運濤縈奪過氏所居以合攻洞橋洎水落則蕩然無存矣夫以州里之小非有素封不過數倍中人產耳今以浩繁之鉅費望人再舉卷舌而已明經之孫沛慨然起

而肩其鉅咨於老成八庠生錢大榮以洪計定謀其址仍故基其式因前規稍擴而精之始事二十有五年乙巳之八月錢芳接實職其事越二十有六年丙午五月告竣橋高於水底石腳四十尺有奇水面長七十尺其廣距兩扶欄二十尺太合首尾衡石其長一百四十餘丈計石工三萬五千三分子之一工料之入要會者凡一萬零二百有二十餘貫外此支費不與焉沛於是役也繼祖志述父事抑亦州里閭仁孝之選與前此癸未橋成於其北創始祖武肅王廟塐像偉甚甲辰七月之災餘屋悉爲螟孽燼棬而夫穹碑石几皆出十餘丈外惟武肅王像設端然不動今重新門堂寢室其餘亦如其舊覬事求記於余余惟前記爲吾邑徐大酉先生所撰嗣次巔末不僅紀歲月而已替亦有感於事之難而仁孝繼述之在州里閭者有可不一書也於是乎書

謝公橋　在縣西一里以靈運得名乾隆李志下同

石佛橋　在縣西二里

應家橋　在縣西五里

山頭橋　在縣西七里邑人馬元宰建

浦橋　在縣西十里

十五板橋　在縣西十五里

新官橋　在縣西十五里橋首有菴暑月施茶

孟愛橋　在縣西十五里明正統間知縣孟文嘗勸農於此故名　國朝嘉慶六年裘慶富等倡捐重修錢紹域捐田四畝爲修橋資道光李志

道堂橋　在縣西十五里乾隆李志

江田大橋　在縣西十五里　國朝乾隆三十二年里

人吳舜音庠生李宗會等倡議捐建構菴橋側置田施茶四十五年洪水衝塌旋修旋圮嘉慶二十一年里人蘇大堅等督修重建道光李志

于邨橋　在縣西二十里乾隆李志下同

倪家橋　在縣西二十里袁思臬建

高古橋　在縣西二十里　國朝嘉慶十五年袁維周重修道光李志下同

湯鍋溪橋　在縣西二十里　國朝乾隆間任開周建嘉慶間任周氏重修

梅閒橋　在縣西二十五里乾隆李志下同

胡郵橋　在縣西二十五里

永濟橋　在縣西二十五都泥塘莊新纂下同

龍溪橋　在縣西二十五都龍舌頭莊

雙喜橋　在縣西二十五都

三連橋　在縣西二十五都

五福橋　在縣西二十五都

阮橋　在縣西二十五里阮肇遺跡張文珊張公泰重建乾隆李志

四柱橋　在縣西三十里崇仁鄉道光李志下同

長善橋　在縣西三十里崇仁鄉　國朝嘉慶二十四

年裘興發等捐資建

平安橋　在縣西淡竹莊　國朝道光八年裘懋業建新纂下同

會水橋　在縣西淡竹莊　國朝道光十年裘承德建

雙樑橋　在縣西淡竹莊　國朝道光二十二年裘德本建

和尚橋　在縣西淡竹莊　國朝道光十年裘政相建

會仙橋　在縣西二十六都馬家坑莊

敬神橋　在縣西二十六都馬家坑莊

青龍橋　在縣西坑口莊　國朝道光二十六年黃端

上建

太平橋　在縣西十畝嶺下　國朝道光二十年相廷蘭建

積善橋　在縣西三畝頭莊　國朝康熙五十七年張姓捐建

宏士橋　在縣西三十里乾隆李志下同

宋家橋　在縣西三十里

錢神橋　在縣西三十里

相家墈橋　在縣西三十里

渡雲橋　在縣西三十里黄勝堂　國朝乾隆間建新纂

五福橋　在縣西安田莊　國朝乾隆十二年任秉愷建道光李志

五馬橋　在縣西三十五里張氏宦顯有五馬之榮故名乾隆李志

通鎮橋　在縣西趙馬莊費云芳文忠等捐建道光李志

周郎橋　在縣西三十五里乾隆李志下同

瓦窰頭橋　在縣西三十五里

魏家橋　在縣西三十六里乾隆李志　國朝嘉慶十六年重建道光李志下同

鎮東橋　在縣西四十里　國朝嘉慶二十一年水圮

道光五年里人捐建

東溪橋　在縣西三十都富仁莊新纂下同

掕龍橋　在縣西三十都富仁莊

乳母橋　在縣西三十都富仁莊

護東橋　在縣西三十都富仁莊

鎮東大橋　在縣西三十都富仁莊

倒嶺洞橋　在縣西雅堂莊　國朝嘉慶十二年金嘉蘭建道光李志

博濟橋　在縣西四十五都大王廟前新纂

蝦蟆橋　在縣西四十里周朝璋建道光李志

積善橋　在縣西四十里乾隆李志下同

三轉橋　在縣西四十里

楊神橋　在縣西四十里

新橋　在縣西四十里

瀵湏橋　在縣西四十五里　國朝道光四年貢生錢釗重建道光李志下同

仙姑橋　在縣西四十五里嶺下莊張仁發等倡建

石佛橋　在縣西五十里　國朝嘉慶二十一年貢生錢珍重建

峻德橋　在縣西五十里三十三都　國朝道光十八

年里人駱載康周世達等捐建新纂下同

福善橋　在縣西五十里崇安鄉　國朝道光八年里人周朝元華怡豐等捐建

開元橋　在縣西五十里當開元長樂之衝周士豐華初建菴施田橋渡賴之道光李志

蔭德橋　在縣西六十里　國朝道光十七年里人華怡豐商從明等捐建新纂

方橋　在縣西六十里乾隆李志長樂鄉跨茆溪之沱橋桂有當鄉胡口施財重修此橋乞福保安家眷太歲壬子紹熙三年又三月丙辰謹題三十一字新纂

西金橋　在縣西六十里乾隆李志

剡源橋　在縣西六十里璃田莊　國朝乾隆四十一年里人錢世瑞等捐建名元旦橋尋圯嘉慶十二年錢世琪世瑛登三等倡捐重建改今名道光李志　樊廷緒記畧剡西五十五里爲剡源鄉剡溪出焉嵊邑水出暨陽者五曰梅溪曰後溪曰蠶院曰打石溪而剡源溪之水獨匯谷陡峻澗道逼仄每遇霪雨水發即泛濫爲害而璃田尤當其衝乾隆丙申里人始築方橋於五王廟前庚子圯丁未再築嘉慶辛酉又圯越七年丁卯璃田錢世琪世瑛等與族人相度地勢乃謀徙於下流數十步土稍平坦兩匯皆巖石可依遂改建洞橋亙六丈高三丈水從中流無衝激之患越明年成名之曰剡源橋凡用錢二千五百貫有零橋爲剡西暨陽往來孔道又足以制水之奔突民田賴之是不可以不記庶講水利者得考焉　咸豐間又圯辛酉錢登麒允艮截廣

等倡捐重建新纂錢鎮陽記畧邑西五十五里有溪曰剡源舊設徒杠族叔祖世瑛世琪等倡捐改建洞橋時嘉慶丁卯也迨咸豐甲寅五月盲風怪雨滙太白以北諸澗水合衝橋盡圮費數千金悉付之東流矣歲庚申陽與從叔登麒族兄允艮載賡等倡捐重建以費用浩繁各莊議立董事三十人募艮工遴貞石仍分二洞一亘六十尺高三十尺有奇一亘二十尺廣三十尺跨水十餘丈閱數月舊觀頓復行旅之往來無病涉焉

崇善橋　在縣西六十里璃田莊　國朝乾隆三十年里人錢元美世瑛宋家震等倡建錢師王襄成之名永濟橋旋修旋圮嘉慶二十三年錢登昌登三登榆等易址倡捐重建改今名道光李志李遇孫記畧剡源鄉有剡源橋嘉慶丁卯爲里人錢君世琪世瑛等所倡建沿溪而上轡王廟前舊有平橋名曰永濟亦係往來孔道每因水衝

旋圯時剡源橋雖落成而上流終病淤焉於是錢君世琪謀所以復建之願雖奢而力不逮且以老病中止深爲抱恨疾革命其子登昌及姪登三等曰爾輩苟能承予志改建洞橋雖傾家毋靳丁丑冬昌等商於族以舊址水性急又遼闊立架甚難乃度上流里許兩岸對峙下有巨巖如砥柱因其巖而築之則用力少而成功易可期永固遂諏吉興工分其洞而二之一互七丈有零一互二丈高四尺許凡用錢三千貫有奇越三年庚辰告竣名之曰崇善橋蓋崇善里爲剡源鄉所屬橋建於斯土即其里以名之也惟是各鄉士民莫不慨捐樂輸而子若姪又克遵命董其事以底於有成是不可以不記爰綴數語俾刊石以垂久遠

環翠橋　在縣西七十里厚仁坂莊　國朝道光十九年職員過蘭芬捐建新纂下同

思成橋　在縣西剡源鄉里人錢維聖建　道光十二

年錢倘青登梯登麒等捐建凡四石柱分五洞跨水十丈零高丈餘三十年八月圮於洪水咸豐元年錢登梯子鎮陽與錢中青等商於族捐資重建

樂嘉橋　在縣西徐家培莊道光李志作駱家橋國朝道光七年駱鴻志載康等捐建道光李志咸豐四年圮駱載康等重建改今名新纂

盧頭橋　在縣西六十里開元鄉　國朝乾隆間周一齋捐建道光李志

崇安橋　在縣西六十里山溪莊里人樓玉寶等捐建新纂

雙虹橋　在縣西下王莊　國朝嘉慶三年裘煥忠國佐等捐建道光李志下同

種蠣橋　在縣西六十里太平鄉　國朝嘉慶二十一年邢炳建

永濟橋　在縣西六十五里太平鄉崑溪　國朝乾隆二十八年應佩綱郭君實等建四十五年水圮應藝德郭君實應紹濂邢子欽等嗣建之嘉慶二十四年復圮郭萬年邢秉謙等捐資重建道光李志同治七年洪水坍橋三洞劉羽臣邢沛郭世寬等各都捐修新纂

永安洞橋　在縣西太平鄉開口巖馬聖堯倡捐建道光

李志

五福橋　在縣西六十五里太平鄉橫莊架石爲梁里人邢端瑩等捐建新纂

萬年橋　在縣西小崑莊　國朝嘉慶二十四年馬成麒建道光李志

大安橋　在縣西七十里崇安鄉裘國詠等捐建新纂下同

復安橋　在縣西崇安鄉爲諸會兩邑通衢　國朝道光間裘國詠等捐建

梯雲橋　在縣西七十五里　國朝咸豐五年職員馬在泮建

石仙橋　在太白山頂下望崖際數百仞天然突兀故名道光李志

興福橋　在縣西七十五里長坑莊李秉舜等捐建新纂

三口殿橋　在縣西八十里東園莊國朝乾隆五十三年郭君寶建道光李志下同

訪友橋　在縣西貴門山梅墅朱晦翁訪呂規叔遇於橋上故名

廣德橋　在縣西貴門山呂廷瓚建

楊公橋　在縣西北一里以楊公簡得名乾隆李志下同

洗屐橋　招隱橋　在縣西北十四里跨逵溪上下流

兩橋皆戴公遺蹟

新興橋　在縣西北達溪莊　國朝嘉慶四年張洪玿倡捐建道光李志下同

一在二十六都橫牆衕

永護橋　在縣西北三十一都護國嶺莊　嘉慶間劉姓建新纂

來山橋　在縣西北三十一都穀來莊里人建有黃鶴樓記乾隆李志

前黃橋　在縣西北穀來莊　國朝同治七年黃如恆妻費氏建新纂下同

保惠橋　在縣西北穀來莊里人建

打石橋　在縣西北打石溪莊里人建乾隆李志

鎮東橋　在縣西北黃箭嶺下　國朝嘉慶七年黃姓建道光李志　道光五年黃姓重建新纂下同

萬年橋　在縣西北石鶩莊　國朝道光二十五年董孟敬孟品建

古平安橋　在縣西北三十二都富順鄉城后莊　國朝道光元年監生馬瀨清等捐建

福壽品濟橋　在縣西北馬郵莊　道光元年建道光李志

天成橋　在縣西北雙溪莊里人黃茂治捐建新纂下同

竹溪橋　在縣西北三十三都崇安鄉古竹溪莊　國

朝乾隆四十年錢文廣建

永甯橋　在縣西北樹藏嶺下　國朝嘉慶五年暨邑樓武建同治六年張恆泰捐資董建

長生橋　在縣西北五十六都東土鄉上巖潭莊　國朝同治七年里人樓道生重建

廣陵橋　在縣北一里乾隆李志下同

保善橋　在縣西北馬溪莊　國朝嘉慶間建道光李志下同

保佑橋　在縣西北巖潭　國朝嘉慶間馬尚本建

獨松橋　在縣北十里

了溪橋　在縣北二十里

龍門橋　在縣北二十里新纂

碑山橋　在縣北二十里乾隆李志

鶴澗橋　在縣北南山堂莊道光李志

厂坑橋　在縣北二十五里乾隆李志下同

王沙橋　在縣北三十里

仙巖橋　在縣北三十里　國朝嘉慶間王則化捐建

同治六年水圮里人復捐修砌以石欄新纂

永遠橋　在縣北三十里道光李志

强口橋　在縣北三十里乾隆李志

飲虹橋　在縣北三十五里　國朝道光二十五年白

巖徐自鑒建新纂下同

太平橋　在縣北三十五里

楊坑橋　在縣北三十五里　國朝嘉慶二十二年鄉

巖坑陳德進建

招福橋　在縣北三十七里

梯雲橋　在縣北四十里石門山下塘邱李則先建道光

李志下同

棧橋　在縣北二十三都　國朝乾隆三十七年江郁

董維熊建

永安橋　在縣北二十一都陸家溪里人王啓杰等捐

建

望仙橋 在縣北四十里舊名嶀浦橋明萬歷元年主簿吳祺重建崇禎五年山陰胡氏徙建去舊址十步後爲洪水衝斷而以竹木屢修屢壞 國朝康熙六年知縣張逢歡捐俸二十兩縣丞胡玨捐俸四兩典史毛鼎鉉捐俸二兩邑進士尹巽助銀二兩鄭二生助銀七十兩幹首鄭大生沈全等延僧自一募助易址重建洞橋乾隆李志尹巽記畧邑之嶀浦峭石巑岏宏江渺淊竹亭松偃霧白烟青謝公之所垂綸餞王之所駐舸神明勝地也當台溫甯紹之衝馳車驟馬躡屩擔簦者日雜沓焉乃兩岸對峙而一帶橫流南北界絕矣漸帷濡轡撣肉瘃膚誰不臨河而歎橋其得已哉向曾甃石屢斷於馮夷緝綴竹木塗目前而已丙午張侯來嵊議建此橋欲更舊

址擴以垂久卽捐俸若干給序募助遠近聞之無不樂輸經始於丁未之夏落成於戊申之秋用若干工費若干鏹是役也不惟濟溱之輿跨渭之木惠止一人一世已也　後圮嘉慶二十四年僧大昌募捐重建平橋道光李志下同

永年橋　在縣北五十五里　國朝嘉慶三年里人黃士俊同僧源順募建

廣濟橋　在縣北五十五都溪頭莊自嵊達郡陸路孔道　國朝乾隆三十四年里人捐建新纂

長橋　在縣北六十里乾隆李志下同

沐恩橋　在縣北六十里舊爲木橋明宏治間邑人鄭鍔易甃以石按鍔舊作岳

虎嘯橋 在縣北南墺莊

蔣岸橋 在縣北七十里

渡

東津渡 在拱明門外三里嘉泰志作一里 俗呼下東渡李志 西南兩鄉暨新昌之水俱滙注於此溪面廣二三里許水激沙洄山流暴漲湍險異常爲剡中第一渡 國朝乾隆五十年城鄉各莊捐田一百三十餘畝設渡船三隻俾潮神廟僧司其事道光李志 道光二十年吳家位助義渡田四畝同治三年僧原化募捐后山竺千清田十畝水口單亮乾田四畝置船兩隻棠溪吳承

裕堂助田四畝新纂

南津渡　在應台門外嘉泰志作縣南一百五十步宋明置浮梁後易兩渡船張志水經注江流翼縣轉注故有東渡西渡焉東南兩渡通臨海汎單船爲浮航西渡通東陽聯二十五舟爲橋航萬歷府志　國朝初建橋旋圮乾隆八年知縣李以炎置船爲渡鄉耆陳元嵩復建普慈菴置田二十五畝延僧焚修又於南津捐貲建木橋後易以石旋圮子承綸孫庠生堯光助渡船田五畝二分邑人沈維之同弟道之子福舟助渡田十畝乾隆李志李以炎記畧剡錄云剡以溪有名清川北注遠與江接盡山城而澤國也邑之西南二門外各有橋予既率士庶修南橋建

西橋俱於乾隆八年落成民賴以濟踰南橋一里曰馬衙堂爲南津渡台溫之孔道舊亦設橋萬壑奔流橋當其衝不旋踵而圮驟遇水涸則架木爲梁行者惴惴焉如跕鳶之欲墮水漲則綴竹爲筏筏輕水悍險亦甚且舟子踞爲利藪循是而東曰仙人坑東南鄉入城者必由之溪較南津差隘而渡亦以筏是二者民均病之夏令有之曰九月除道十月成梁凡以濟民也不利於橋盍設舟爲渡余乃捐俸錢爲倡郎於是年八月鳩工庀材建大舟一義民沈美中亦獨捐一舟盧世芳宋卜臣等又合捐一舟以一置仙人坑以一置南津渡遂撥育龍菴餘田十畝資舟子衣食而士民陳堯光沈維之等又各捐田共得三十一畝有奇戶立渡名收租輸稅悉由官而以時支給其費於是居民之往來四方商賈之輻輳咸得濟焉事竣乞余言記之爰舉其事與新捐田畝姓氏并董事士民悉勒諸石焉

乾隆三十二年

宋翰屏周廣志單孝先僧永富等建船一隻置渡田三十二畝道光五年高聖采李德彩單明珂等建船

一隻置渡田二十畝道光李志

西津渡　在來白門外嘉泰志作縣西南二里舊置二十五船爲航後廢今有橋乾隆李志

中渡　在縣東五里國朝乾隆間城鄉各莊捐田六十餘畝於渡口建永清菴設渡船二隻菴僧司其事道光七年棠溪貢生吳之渭建路亭以憩行人道光李志

楊溪義渡　在縣東五里艇湖山下里人捐建渡口有菴亭施茶新纂

節錄任湘楊溪義渡訪雪菴碑記

渡於竹山渡爲上流中渡爲下流而介其中道光年間林君昭木陳君士良倡其議力勸林陳丁姓各助地與田若干畝爲義渡經費楊溪之復有渡自此始渡之東有路廊數楹名萬年亭創自徽人周某而派孫踵成之司事者僉曰渡不可無駐足所

以備不虞議建一菴延僧持住爲永遠計而又慮費之無自出也咸豐八年予與林君東山丁君吉軒等詣捐各殷户或田或錢共襄厥舉遂名其菴曰訪雪而楊溪一渡輒賴以成至咸豐十一年冬西逆踞城懼其地爲團防駐足驟焚之殆盡噫是菴成毀歲僅四稔予仍勸諸君子踵其事毋稍緩今會邑侯以修誌之役告爰舉是菴之起訖歷敘以載邑乘

浦口渡　在縣東十五里乾隆李志總管廟前

竹山渡　在縣東十五里乾隆李志剡溪黃澤兩江滙流水勢洶湧設二渡船以濟新纂

桃花渡　在縣東十五里　國朝雍正十年監生吳熙述設渡船建永濟菴於東岸延僧司事乾隆李志嘉慶間因經費不足貢生吳國賢監生吳宗傳復捐田建並

濟菴以裕工食道光李志下同

金雞渡　在縣東十里有橋有菴葉竺魏車高盛衆助置田三十畝

朱塢山渡　在縣東十五里唐葉鄭衆姓捐設船一隻

湖頭渡　在縣東二十里魏姓捐設渡船

黄澤渡　在縣東二十五里乾隆李志

小砩渡　在縣南五里新纂

茅岸渡　在縣南八里乾隆李志作縣西新纂下同

下南田渡　在縣南八里

上南田渡　在縣南十里

潭過渡　在縣南十五里

上碧溪渡　在縣南十五里

黃泥橋義渡　在縣南二十里　國朝嘉慶間監生高

天鼎等捐置田山

湖塍渡　在縣南二十里橋裏莊乾隆李志下同

茶坊渡　在縣南二十里

瓜渚橋渡　在縣南二十里施家塽莊新纂

蒼巖渡　在縣南二十五里　國朝道光三年捐置道光

李志下同

三積渡　在縣南蒼巖莊

田東渡　在縣南三十里新纂

山頭渡　在縣西七里有橋乾隆李志下同

孟愛渡　在縣西十五里明知縣孟文嘗勸農於此今有橋

倪家渡　在縣西二十五里有橋

求家墈渡　在縣西三十里有橋乾隆李志今改月印溪渡新纂

雅言樓渡舊名瓦窰頭　在縣西三十五里有橋道光李志

永慶渡　在縣西四十里石璜莊里人捐田二十畝爲修造渡船費同治十年建永濟亭又捐修橋費田十畝零新纂

珠溪渡　在縣西五十里水洞架橋東西兩岸設立路亭周煥生等捐置田地以給其費道光李志下同

開元鄉義渡　在縣西五十里周煥生等捐設南橋會田義渡菴司其事

橫店渡　在縣西六十里太平鄉乾隆李志

剡源鄉義渡　在縣西三十七都里八捐田地十九畝置渡屋三間道光李志下同

長樂鄉義渡　在縣西六十里　國朝道光五年貢生錢釗於邨北小堰建義渡莊置田十二畝

三隆潭渡　在縣北三十里游謝鄉明知縣王淵捨船

爲渡有田地以給舟人乾隆李志

西鮑渡　在縣北三十里　國朝嘉慶間貢生沈鶴林捨田倡捐設船濟渡道光李志

黃石渡　在縣北四十里乾隆李志

馬嶴渡　在縣北四十五里　國朝嘉慶間沈鶴林倡捐濟渡道光李志

釣魚潭渡　在縣北五十里沈八家捐濟道光李志李嶴莊李廷茂派暨李毓達毓遲同捨田九畝地三畝渡船庵三間新纂

白沙渡　在縣北五十里乾隆李志

菴

市心茶亭菴〔李志〕國朝康熙四十九年鄉賓喻允尊暨喻懷三徐道佐各捐基址慈芳菴僧謐言出資築室以施長茶允尊捐田七畝子恭劭捐田二畝零恭超捐田七畝恭韶捐田二十五畝爲薪水費終年賴之〔新纂〕道光二十三年燬僧錦山重建咸豐辛酉寇燬同治四年重建

茶亭菴〔李志〕在縣前〔道光志〕國朝康熙七年西隅史孝嘉創建并捐田四十五畝零給僧法印永爲施茶費〔新纂〕道光庚戌范邨田被水衝史姓割畝修理

本城張萬經贖回邑令敖彤臣令立西三圖史張茶亭菴戶

永濟茶亭菴（新纂）在城西關外應汝明同妻馬氏建

迎恩菴（李志）在北門外僧原宗建施長茶（道光志）乾隆十一年趙華三派裔因菴址近祖墓捐貲重修并置田畝

南津渡菴（新纂）舊名普慈菴在高家渡南境廟東道光間移今地卽梵教寺址

永濤菴（道光志）在縣東五里中渡城鄉各姓捐建置田六十餘畝以爲中渡設船之費前爲通濟亭　國

朝道光七年貢生吳之渭建

崇信菴　道光志在縣東康樂鄉三都　國朝嘉慶間捐建置田五畝零道光七年棠溪吳之源捐茶田并塘八畝零吳之海捐田四畝零

永濟菴　新纂在縣東十里康樂鄉蔣家埠前有路亭陳婁丁宋許五姓建并捐田施茶

訪雪菴　新纂在縣東八里康樂鄉楊溪渡衆姓捐建前有萬年亭好施者捐貲烹茶

遠濟菴　李志在崇信鄉嶴頭僧自相建以施茶並構

木橋濟渡

永濟菴〔李志〕在崇信鄉七都桃花渡　國朝雍正二年吳賦述設渡船於此因建菴募僧司事

並濟菴〔道光李志〕在七都桃花渡　國朝嘉慶間棠溪吳肇奎與從姪吳宗傳因永濟菴舊費不支續置田三十畝復設渡船一隻使菴僧司其事

東明菴〔道光志〕在崇信鄉大屋莊葉姓建置茶亭一區

普濟渡船菴〔新纂〕在縣東浦口鎮建菴捐田構木橋設渡船總管廟僧司其事

善慶菴〔道光李志〕在八九十都東郭莊設有茶亭新

纂里人竹辛三建

慶餘菴（道光李志）在八九十都東郭善慶菴側竹君泰建置茶田四十餘畝以濟行人

廣濟菴（道光李志）在八九十都岩頭　國朝康熙間尹奇顯與張金兩姓同建助田施茶

會雲菴（道光李志）在八九十都白泥坳　國朝康熙間尹奇顯建大殿并茶亭助田施茶乾隆五十九年尹宜貴暨遠魁派孫重修嘉慶十九年尹姓同僧宗亮建東四側屋山門路亭

勝化會（道光李志）在八九十都下唐　國朝康熙十

九年唐性童後裔捐建并置田地延僧住持雍正七年唐明秀續捐田產爲施茶費

屏山菴　道光李志在縣東二十里湖瀆魏氏建旁築路亭置田施茶　國朝道光六年僧明玉重修

金雞菴　新纂在簇節鄉東郭莊里人竹水巖捨基建倡捐田地三十餘畝四時設立橋渡以濟往來行人亦東剡之要區也

恒德菴　新纂在縣東十二都恒路莊胡樂羣建置田十餘畝道光間其裔孫德裕旁建茶亭置田五畝零施茶同治八年胡增森妻徐氏遵夫命捨田二畝零

監生經魁捨田二畝零

洗雲菴〔新纂〕在縣東金庭鄉十三都晉溪前有路亭姚姓建

西谷義菴〔張志〕在十四都陳公嶺麓明王文高設長茶以濟渴道光李志道光六年裔孫倡捐重修增建路亭

滙流菴〔道光李志〕在縣東孝嘉鄉十五都松溪水口王姓建撥右軍祀田十八畝丞恩祀田十畝零以給施茶松溪渡等費招僧司其事

慶善菴〔新纂〕在忠節鄉十七都葛竹菴外建路亭有

古松一株

甘露菴　李志在縣北餘糧嶺東永寧院前明崇禎間里人童法建捐田三十畝施茶　國朝康熙七年僧本頂重葺

善護菴　道光李志在十九都僧大昌重建三瑞亭五間新纂各莊捐田共六十餘畝爲茶渡費

普濟菴　新纂在十九都乾隆間尹上英捨基張顯祖建顯祖又與兄錦秀仁助菴并茶亭共田山三十餘畝

積慶菴　新纂在遊謝鄉二十都仙巖明成化四年王

道原創建旁有亭施茶置田三十餘畝
太平菴　張志在縣北靈芝鄉二十一都明崇禎間僧
智和建茅房施茶置田六畝零後廢道光李志　國
朝康熙間僧自一重建壬午沈繼美捐增茶房路亭
又捐田十八畝會稽周榮華捨田五畝乾隆間改造
太平亭癸丑沈鶴林重修
三慶菴　道光李志在縣西崇仁鄉湖下張式鰲廉筠
式鋑等創建捐田二十餘畝歸住僧收息以爲烹茶
費
廣濟菴　纂在永富鄉二十八都呂家橋乾隆四十

年建敬思派孫捨基助田施茶族人永修

福祿菴　新纂在二十八都石姥嶺等　國朝雍正五年建敬思派孫捨基助田施茶族人永修

望梅菴　新纂在縣西四十里石姥嶺下前有路亭明萬歷間裘岐岡建有施茶田

煮茗菴　道光李志在二十九都崇仁五廟之西明永樂庚子裘惟忠建　國朝乾隆辛丑派孫重修

萬福菴　新纂在二十九都王家寺裘本行捐建有路亭

崑菴　道光志在縣西富順鄉黃箭嶺明嘉靖二十年

黃茂四於菴前建路亭一區施茶新纂同治七年僧元瑞重建茶亭三間

觀音井菴　新纂在縣西五十里三十都九曲嶺坂頭莊陳居武建捨茶田十畝零

永福菴　道光李志在三十四都　國朝道光七年邢克恕瑞芳同建置茶田以濟行旅

永濟菴　新纂在三十五都水磨灣等道光間周岐山派捐建外有茶亭置茶田十餘畝長樂錢沛捐田十畝

護福菴　道光李志在三十六都下城陳聖標同室丁

氏建置田十六畝零并於甘霖鎮大廟捨茶田十畝零

成裕菴　道光李志在太平鄉三十八都　國朝嘉慶二十二年邢模建又建田祖廟一所旁築路亭以施茶

釣潭菴　道光李志在太平鄉三十九都道光五年國學生邢洪貢生劉以觀倡捐廊基重建各莊捐置田畝施長茶

義渡菴　道光李志在開元鄉

廣福菴　新纂在四十二都棗園開元周瑞卿建捨田

施茶咸豐十一年燬同治七年派孫重建如舊
南橋菴　道光李志在開元鄉四十二都周士豐與華
礽捐施田地當開元長樂之衝橋渡賴焉
義渡菴　道光李志在繼錦鄉四十三都上下沙地捐
助置田十餘畝
降福菴　新纂在縣西桃源鄉四十六都尹家邨後尹
華一建置田十畝爲香火施茶之費
義渡菴　新纂在禮義鄉孟舜莊嘉慶間裘張范周魏
錢姓倡捐裘慶富等董建
蒼巖橋頭菴　新纂在縣南二十五里五十二都

毛竹菴　新纂在縣南五十二都蒼巖

龍泉菴　新纂在縣南二十五里五十二都蒼巖明俞思源建　國朝咸豐辛酉燬同治七年其裔孫鴻等重建置田施茶

潭過橋頭菴　新纂在縣南十五里五十三都

亭

施恩茶亭　道光李志在城南門外　國朝雍正間邑令施三捷建尋圮乾隆間下鹿苑寺僧一輪重建道光七年剡源鄉錢姓同僧永妙重修菴田一百一十餘畝新纂咸豐辛酉燬錢姓與永妙徒孫元禮元悌重建

小休亭　道光李志在北門外　國朝道光四年朱貴元重建置田十畝爲施茶費

永濟亭　道光李志在北門外　國朝乾隆五十四年監生袁國輔建邑令唐仁埴有記道光六年監生張

萬年重建

天興寺茶亭　新纂在南橋方山鄉一都

阮廟路亭　新纂在縣南十里一都

廣福菴茶亭　新纂在縣南十里一都章姓建置產施茶

福麟菴路亭　新纂在縣南五里一都

長壽亭　新纂在縣南十八里方山鄉姥山麓

潮神廟茶亭　道光李志在縣東五里　國朝乾隆五十年建城鄉各莊共捐田一百三十餘畝歸僧收息以爲東津渡船木橋及長茶之費

萬年亭　新纂在縣東八里康樂鄉楊溪渡

永濟亭　新纂在縣東十里康樂鄉蔣家埠

康樂茶亭　新纂在縣東二十里康樂鄉過港

新路茶亭　新纂在縣東崇信鄉五里大屋道光間監生葉自麟建置茶田三畝零

永濟菴茶亭　新纂在崇信鄉　道光志葉方蒃記昔邵子云雪月風花未品題

朱子釋之以為此言事事都有造化淵乎微矣夫一言之發鐘鼓鍚之一行之貞馨香薦之可不謂造化之在人心乎予世家艇陽之東岸聚族而居饒有江州之風焉歲甲寅族叔仲翁年六旬以水利事與予向宮保李訴誣共赴臨安備嘗辛苦時維溽暑道艱於飲抵南關望仙茶亭鼎試龍頭湯開蟹眼相與啜茗少憩心甚肯之因顧謂予曰我與若邨西不數武有花橋下臨渚流泠然善也旁列喬蔭調調之刁刁

者時散曦影於清陰而且南北爲經往來於此多行
五里一短十里一長之思焉誠得構小閣數楹汲薪
煮茗以濟行客以厭人心不猶合之望仙也哉無何
言歸載許遽爾溘逝此事幾成畫餅矣豈造物者不
欲玉成歟不然何不少假以年而顧奪公之速耶越
明年翁嗣某念遺言之在耳悲先業之未成偕前邨
妹丈婁某協力同心予亦閒從襄事其際不數月而
斯亭落成焉有上人某者剏南白龍潭開山也錫飛
過此相與語大悅爰挹彼注茲不惜分潤且慨然願
以身任其責而邑中賢豪若某某者解囊制腴襄盛
舉以亟永久亦皆爲善最樂者也夫野馬氤氳相吹
以息三萬六千一場誰非抱情而處者乃當其薾然疲
役則思入於善一旦安樂雖素所關情之人有隔膜
置之者矣間有一二自好之士爲善於鄉其或幸而
成不幸而敗觀於當世得失之林可慨也夫若翁者
一言激發惻然見天地之心雖未親見之行而卒使
巧償其言既不至抱甕灌畦又不爲獨絃哀歌所謂
存心於世於物必有所濟者非耶將見浮花可供齋
蘋嘗芬郎梓里亦藉以增輝矣予也樂其事之有成
因掇其巔末以見人心之天之大可恃而造物之不

可憑而實可憑
也於是乎書

羅星亭　新纂在縣東十五里崇信鄉七都棠溪魏敦廉跋

棠溪吴氏望族也郡西數百武一望平疇繡壤交錯環以長堤隱若城郭柳陰一帶鶯語千聲堤以外巍然高矗者爲羅星亭覆瓦鱗排高甍俯啄柱礎階垣甃以文石翠挹星峯綠環了水凡遊人之登眺墨客之往來攜酒賦詩停驂話別皆憩是焉今年春予謁選北行諸親友送予於此此景此情令人依依不忘也爰識數語以抒別臆至於羅星之說術家詳之不復贅云

惠雲菴茶亭　道光李志在八九十都邑人張懷禮同繼妻儲氏置田十餘畝竺虞佐有記見文翰志

朱塢山茶亭　道光李志在縣東十五里　國朝乾隆間東林王桓凝捐建置田二十餘畝爲四時施茶之

費

飛鳳茶亭 新纂在縣東二十五里筮節鄉同治七年貢生魏鑑唐建路亭捨沛字號修理田二畝零白雲山僧省徹捨沛字號茶田五畝零僧性空捨沛字號茶田二畝零

石蟹茶亭 道光李志在十一都 國朝嘉慶二十三年丁道烈妻李氏建置田八畝

通甯茶亭 新纂在縣東三十五里金庭鄉嘉慶十年州司馬魏詩建捐田六畝正施長茶

招福茶亭 道光李志在十三都晉溪姚源裕建

白佛堂茶亭（道光李志）在青山頭

崇福菴茶亭（道光李志）在忠節鄉貢生王世清捐建

石井龍亭（道光李志）在忠節鄉貢生王啓豐倡建置田施茶

超然亭（新纂）在忠節鄉十六都堂塢嶺同治八年屠致中單逸亭合建路亭置田山十餘畝爲施茶費

土瑰嶺路亭（新纂）在忠節鄉十六都

水口路亭（新纂）在十六都咸豐六年單義俊子重建

小柏路亭（新纂）在忠節鄉十六都

虬松路亭（新纂）在忠節鄉十七都葛竹莊有古松故

名

漁倉路亭〔新纂〕在忠節鄉石門單禮耕建奉母命於

茶

西祠路亭〔新纂〕在忠節鄉十七都唐田東通甯奉西

接餘上

松園路亭〔新纂〕在十七都壺潭道光壬寅王崙玉建

金山路亭〔新纂〕在十七都晦溪金山橋

了溪茶亭〔道光志〕國朝道光三年監生張萬年倡

建捐田十一畝〔新纂〕在縣北遊謝鄉十九都

三瑞亭〔新纂〕在十九都三瑞潭

清風路亭〔道光李志〕在二十一都〔新纂〕靈芝鄉清風祠前

太平亭〔道光李志〕在二十一都〔新纂〕縣北嶀浦

普潤茶亭〔道光李志〕在二十一都國朝康熙間沈繼美等捐助置田三十畝零以給茶費嘉慶丙子沈日華等又建涼亭三楹以憩行旅

石山亭〔道光李志〕在二十一都

泗洲路亭〔新纂〕在崇仁鄉二十三都箭口莊

鹿景巖下路亭〔新纂〕在二十三都裘服膺建

石磡頭岭亭〔新纂〕在二十四都淡竹莊裘聖科作元捐建

柏城墓菴茶亭　新纂在縣西北十里孝節鄉大洋嶺等袁氏捨田十餘畝施茶

普濟菴茶亭　新纂在縣西十五里孝節鄉　國朝雍正間馬驊剏建道光間大半被燬馬傳經建復捐置田畝載碑

肖廟路亭　新纂在縣西二十五里仁郵

秋湖亭　新纂在二十六都趙馬莊

西爽路亭　新纂在孝節鄉二十六都李家宅溪東亭三間丙菴廡十二間李維城闢祖業作基同馬維坪張持中裘福元李道孝集資建置產十餘畝勒碑

龍吟茶亭　〔道光李志〕在永富鄉龍吟崗　國朝道光七年捐建

文星亭　〔新纂〕在永富鄉二十八都文昌閣左有聯云筆峯東峙瞻山秀硯岫西來滌水清

紫氣茶亭　〔新纂〕在富順鄉三十都富順莊東坂張必諫建旁有墓菴置田施茶

增福路亭　〔新纂〕在縣西四十五里三十都福坑口東北有洞橋上下有二廟

宅前茶亭　〔新纂〕在三十都下相莊道光二十八年相廷蘭捐建

八角亭 新纂在縣西四十里三十都天字坂作一郵

水口

繼述亭 新纂在富順鄉三十一都界牌嶺道光間監

生馬鎮甯建施茶

竹林菴茶亭 新纂在崇安鄉三十三都淡竹莊趙友

忠等捐建

倒嶺菴茶亭 新纂在崇安鄉三十三都淡竹莊道光

十二年金廣才建圯十六年張信魁等捐建

四通茶亭 新纂在崇安鄉三十四都夏相宋繼述建

道光志作夏必沾建誤置田十二畝施茶

嶺下茶亭 〔道光李志〕在三十四都嶺下張球建置有田畝〔新纂〕同治五年董運通重捐田施茶

石屋茶亭 〔新纂〕在縣西四十五里三十四都石屋爲通諸暨孔道 國朝乾隆間樓大名等倡捐合建圯同治六年樓仁炘重建菴三間路亭三間捐田十餘畝施茶

飲淥茶亭 〔新纂〕在縣西崇安鄉丁家莊亭三間後菴三間兩廡內供文武二帝像同治八年里人丁禹源以祖汝俛遺命建并助田十畝零爲茶費

八角亭 〔新纂〕在崇安鄉三十四都溪西莊

錫福菴茶亭　新纂在縣西剡源鄉三十七都山口咸豐辛酉燬同治己巳錢姓重建錢曰青有碑記

新路茶亭　道光李志在三十七都瓊田　國朝道光六年諸生錢允升暨弟允功建置有田畝幷修砌道路行人德之

聽泉亭　道光李志在三十七都瓊田舊名聽泉樓國朝順治間建後圮嘉慶十八年廩生錢登鰲暨諸生登昌登三允升重建改今額

聽松菴茶亭　道光李志在三十七都錢晴山建

遠塵亭　新纂在三十九都太平鄉圭廟左宋里人邢

達曾建後廢　國朝同治六年闔鄉捐貲重建并捐田十畝零施茶

墅屋坪茶亭［道光李志］在三十九都劉達明建

細路長茶亭［道光李志］在三十九都　國朝嘉慶間邢宗望建

雙溪橋茶亭［道光李志］在長樂鄉　國朝道光二年錢釗建置田十六畝零有東陽徐大西胡筠碑記

九曲嶺茶亭［新纂］在長樂鄉四十都黄沙潭道光二年里人捐建咸豐辛酉燬同治七年職員過藹芬重建

金絲嶺茶亭〔新纂〕在縣西南四十都同治七年錢沛建置田五畝零

黃泥塘茶亭〔新纂〕在長樂莊南道光六年錢釗建置田五畝零

寨嶺茶亭〔新纂〕在縣西六十八里長樂鄉道光間錢釗重建

點石茶亭〔道光李志〕在縣西石佛橋　國朝嘉慶二十一年貢生錢珍建置田十一畝零

廣福茶亭〔道光李志〕在繼錦鄉四十三都羅邨　國朝嘉慶三年錢沈氏建道光二年子世裕捐田十畝

以爲新水之費
遙源茶亭（道光李志）在四十三都新橋頭　國朝康熙間周聖祓建捨田三十畝
廬坊茶亭（道光李志）在四十三都湖頭鄭姓捨基十方捐助茶田二十餘畝
淨土菴茶亭（道光李志）在積善鄉八斗穀嶺　國朝嘉慶間僧端理募建
永濟茶亭（道光李志）在四十四都小嶺頭周邨大溪西景山合建
望衆亭（新纂）在積善鄉四十四都蒼莨嶺　國朝同

治間捐建施茶

廣濟茶亭　道光李志在四十四都湯家嶴

環水亭　新纂一名文昌閣在縣西桃源鄉黃勝堂邨後乾隆乙卯呂慶叔福名捐建道光乙未福名子國勳重修東陽盧梁記

惠泉茶亭　道光李志在桃源鄉甘霖鎮　國朝道光五年里人重修捐田延僧烹茶

化成茶亭　道光李志在桃源鄉　國朝嘉慶十三年顯淨寺僧端理建

秀水菴茶亭　道光李志在清化鄉四十八都支鑑路

國學生史義和建置有田畝

千佛巖茶亭　道光李志在四十八都雅堂金華桐建置有田畝

增福茶亭　道光李志在四十八都馬槽岡范邨張竺二姓建

張家山茶亭　道光李志在四十八都范邨東爲西北各莊要路舊有亭久廢　國朝道光五年貢生張謨倡捐重修并捐田以給茶費

永福茶亭　道光李志在四十八都范邨竺應氏建

普濟茶亭　道光李志在四十八都溪濱置有田畝

福壽菴路亭　新纂在縣西清化鄉四十八都招龍橋袁益武建

永福菴路亭　新纂在清化鄉四十九都白泥墩王元泰建

石門茶亭　道光李志在禮義鄉五十一都白巖國朝康熙間張姓建置田四畝零

可止亭　新纂在縣南禮義鄉五十一都黄茅屋嶺道光間捐建施茶

蒲郾嶺茶亭　新纂在五十一都華德昭連昭建道光間捨山

大邱巖茶亭　道光李志在五十一都　國朝道光五年陳忠文建置田六畝零

後童茶亭　道光李志在五十二都蒼巖　國朝道光四年貢生俞濟聖建

上橋茶亭　道光李志在五十二都蒼巖　國朝乾隆間置田五畝零

上經堂茶亭　道光李志在五十二都蒼巖　國朝嘉慶間重建

文武廟茶亭　新纂在縣南二十里昇平鄉五十三都黄泥橋莊

馬銜堂茶亭　李志　國朝康熙庚午喻允尊建捐田十七畝零

望洌亭　道光李志　在三界烏龍山麓　國朝道光二年僧靜修建

永福茶亭　新纂　在縣北五十五里德政鄉五十五都溪頭

嵊縣志卷四

賦役志

賦役之法唐租庸調爲近古自楊炎作兩稅法簡而易行有明中葉又擬爲一條鞭民益稱便　國朝順治十四年
世祖章皇帝頒示賦役全書𠫭定萬歷間則例布爲令式其啟禎時加派横征盡與裁革漢史稱高祖定天下輕傜薄賦文景之世賜復屢書是以海内殷富興於禮義我
朝

聖
聖相承
恩綸疊降滋生人丁永不加課田糧稅額歲有蠲除
解澤普天垂於萬禩彼漢家之制度又何足以云云宋
熙寧後苦和買絹宣和時加經總制錢明世宗朝
興師剿海寇復於正賦外籌供軍餉而嵊自成化
間割入會稽二鄉又有協濟東關役之累苛派紛
紜具徵往牘不究累朝之民瘼不知
聖世之寬仁也志賦役第三

戶口

宋

大中祥符四年剡戶三萬二千五百七十八口五萬五千六百

嘉泰元年戶三萬九千七百九十二口五萬三千五百七十七不成丁一萬七千四百七十八

嘉定七年戶三萬三千一百九十四口五萬八千七百一十三

元

至元二十七年戶四萬六千二百八十二口七萬四千五百三十八

大德十一年戶三萬八千二百口四萬七千三百七十
六

明

洪武二十四年戶二萬八千七百六十五口九萬三千
六百九十二

永樂十年戶二萬二千三百八十五口七萬七千

天順間戶一萬八百五口四萬九千五百三十九

成化八年戶一萬六百三十一口五萬二千四百三十
八

又割會稽二十五六兩都入嵊增戶一百六十五增

口三千八百三十四舊志作宏治十三年割入誤

宏治五年戶一萬四百三十三口四萬二百一十一

嘉靖二十年戶一萬一千三百口二萬一千六百一十

八

萬歷三十七年戶一萬一千六百一十二口五萬八千

七百一十七內市成丁每丁科銀一錢二分一釐市不成丁每丁科銀六分二釐三毫鄉成丁每丁科銀一錢四分四釐七毫米一升四合七勺鄉不成丁每丁科銀八分七釐一毫米一升四合七勺

按明制官吏庶民俱有司開具戶口名數赴運司支鹽而計口散給官吏每口食鹽一十二觔市民每口食鹽六觔納鈔一貫鄉民每口食鹽二觔二兩五錢納米四升三合一勺二抄五撮迨後關支運撥多曠

日耗費遂不復赴領而鈔米仍納如舊隆慶間知縣薛周定額市民鹽鈔銀每丁五釐一毫七忽四微一塵二渺四埃六沙鄉民鹽糧米每丁五升六合八勺四抄六撮一粟八粒每丁又派額辦坐辦銀二分三釐六毫雜辦銀四分三毫七絲均徭銀三分三釐一毫民壯銀二分一釐三毫至萬歷時知縣施三捷酌定額數　國朝仍之又按元豐九域志有主客戶主客丁元時有南北戶南北口明萬歷間又分明戶軍戶匠戶官戶生員戶醫戶捉捕戶弓兵皁隸戶水馬夫戶窰冶戶諸名色　國朝惟別以紳戶衿戶民戶竈戶而紳衿例得免差

國朝

原額人丁一萬八千有四　內分市民成丁鄉民成丁市民食鹽鈔鄉民食鹽鈔四項

府志口之賦二曰鹽鈔曰鹽糧米俱責辦於市鄉成丁之人今以不成丁者作食鹽之數與明少異又向合衆口爲戶今則以丁抵戶是一萬八千四口實則一萬八千四戶非有登耗之殊也

康熙六年清出人丁一千五口共一萬八千一十九口按

地人丁向分兩項原因田地額係定而丁口歲有增除難以歸併然有戶絕人亡者名曰赤腳光丁即有欲僉報頂補胥役賣富栽貧錢糧無著官民兩病不若攤派田糧之爲得也查浙省丁銀有照糧照田之別郡如紹屬八邑山陰蕭山諸暨餘姚皆照糧起丁惟上虞新昌及嵊照田起丁而嵊自明隆慶間知縣薛周將丁銀派入三辦均徭即已隨田徵輸末季仍籍人丁窮民竄徙避徵不堪其累　國初知縣吳用光仍循舊例派丁民困始蘇其例市民田五十畝聽一丁鄉民田二十五畝聽一丁至順治十三年頒行賦役全書又另行分派云

康熙五十二年欽奉

上諭嗣後直隸各省滋生人丁永不加賦而嵊邑審增

一千四百三十八口實計一萬九千四百五十七口

康熙六十年原報原額人丁一萬九千八百八十口

雍正四年實在人丁二萬八百一十八口

雍正九年編審舊管人丁二萬三百一十二口新收人丁二千一百八十九口開除人丁一千六百八十三口實計二萬八百一十八口（内市民成丁一千四百四十七口除原額完賦外實滋生土著市民一百七十口鄉民成丁一萬四千一百七十二口除原額完賦外實滋生土著鄉民一千八百一十口市民食鹽鈔丁二百四十四口除原額完賦外實滋生土著市民食鹽鈔丁八十二口鄉民食鹽鈔丁四千四百四十九口除原額完賦外實滋生土著鄉民食鹽鈔丁七百七十九口統計滋生人丁二千八百三十九口永不加賦）

乾隆元年編審統計增除實在額報人丁二萬一千六

百四十口

乾隆五年十一月欽奉

上諭每歲仲冬各省督撫將各州縣戶口增減詳悉摺

奏部議自辛酉年編審後舉行即不値編審之年照

保甲門牌所列戶口除去流寓人等將土著數目造

報不必挨查滋擾即可得其總數以仰副

皇上周知民數預爲籌畫之至意

乾隆六年編審新收人丁二千四百九十口開除人丁

一千八百一口實計二萬二千三百二十九口內市民成

丁一千四百九十三口鄉民成丁一萬五千二百八

十八口市民食鹽鈔丁二百八十六口鄉民食鹽鈔

丁五千二百六十二口以上李志

乾隆五十六年戶口冊嵊縣戶五萬五千三百二十四戶男女大小丁口三十三萬四千七百八十七丁口李府志

嘉慶二十五年編審戶口舊管煙戶六萬四千零八十五戶男婦大小丁口四十二萬六千一百八十九丁口外新收煙戶一千二百三十九戶男婦大小丁口一萬一千五百十五丁口開除煙戶九百九十九戶男婦大小丁口一萬零四百六十六丁口實在煙戶六萬零九十七戶男婦大小丁口四十二萬六千九

百二十八丁口內男大丁十四萬一千一百九十六丁男小丁八萬五千八百五十五丁女大口十二萬八千六百八十三口女小口七萬一千一百九十四口
道光元年編審戶口開除外實在煙戶六萬四千一百零七戶男婦大小丁口四十二萬七千四百零九丁口內男大丁十四萬一千二百八十七丁男小丁八萬五千八百八十六丁女大口十二萬八千八百五十四口女小口七萬一千三百八十二口
同治八年編審戶口舊管煙戶三萬三千四百二十五戶男婦大小丁口二十一萬七千六百四十七丁口外新收煙戶一千四百九十八戶男婦大小丁口九千八百五十九丁口開除煙戶一千四百八十九戶

男婦大小丁口九千八百四十五丁口實在煙戶三萬三千四百三十四戶男婦大小丁口二十一萬七千六百六十一丁口内男大丁六萬七千二百七十一丁男小丁四萬九千八百四十八丁女大口六萬零三百二十七口女小口四萬零二百一十五口

按市民鄉民徵銀米數及食鹽鈔徵銀數俱載賦役全書見田賦志

嘉慶五年五月初二日紹興府奉布政使司劉批發嵊縣民人劉元高等呈控該縣書役王沛沾等勒令圖甲輪充地保墊糧應比一案批地保只有領催之責並無應比之條嵊縣催徵錢糧專比地保并押令墊完以致無人充當此役該縣復著圖甲輪充如有代保侵蝕錢糧勒令圖甲賠完此與勒令殷戶充當地保莊長何異仰紹興府出示嚴禁餘照縣詳批示遵並蒙藩憲核據該縣具詳前由批據詳該縣原

設里長十甲輪充一里之中設立九人專司催糧緝匪名曰九圖自雍正年間頒行順莊良法將九圖等項概行革除仍設總保應聽圖中無業之人投充詎該縣先令里耆議舉己屬非是復將催糧一人事全責成總保按卯比追該保受責難堪有借銀墊完之累以致里耆不敢議舉總保該縣竟將數十年革除九圖之良法復令輪充總保此等按戶圖輪者悉係耕讀良民爲肯充保受責不得不僱人代當至代當之保侵蝕錢糧仍係輪圖之人賠完此與勒令殷戶充當地保莊長何異該縣尚復飾詞瀆辨大屬藐玩仰紹興府出示嚴禁一面敘案詳參毋稍輕貸各因到府查是案前據該縣廩生張霖等具控當飭嚴行革除究報續據劉元高等具控復飭嚴查禁革毋任經差混擾在案茲蒙前因除飭縣遵辦外合出示嚴禁爲此示仰嵊邑書役土民等知悉嗣後總保一役應聽圖內無業之人投充毋庸先令里耆議舉即充保者亦只責令領催不得按卯比追以致畏墊不充一不舉復令圖甲輪充使耕讀良民不得不僱人代當一經代當之保設有侵蝕錢糧仍係輪圖之人賠完誠如憲批與勒令殷戶充當地保莊長何異自示之後

仍遵照順莊催輸該書役如敢仍前舞弊病民一經
訪聞或被告發定即親提究辦至積弊既除爾花戶
等尤宜踴躍輸將毋
蹈抗納之咎特示

道光七年邑令李式圃保甲議保甲之法昉於周官
族師五家爲比十家爲聯五人爲伍十人爲聯四閭
爲族八閭爲聯使之相保相受刑罰慶賞相及相共
比長令五家相受相和親有皋奇衺則相及是鄉遂
之民各爲保伍各相敎治而彊盜之善政郎寓其中
漢置游徼亭長唐設里正坊正邨正皆以督察奸匪
明王文成撫南贑令居城郭者十家爲甲在鄉邨者
邨自爲保於是立十家牌使每甲自糾甲內之人不
得容留賊盜則審察易而防閑密奸慝既無所容而
盜賊自息誠禁暴化民之要術也嵊邑在府城東南
二百餘里介兩郡四邑之間山深地僻疆宇遼闊易
隱姦宄余涖任以來時有報竊而匪徒聚博者亦不
少我朝嚴申保甲飭令州縣實力編查以靖閭閻
歷奉大憲頒發規條下縣亦屢經轉飭遵辦倘不能
眞實奉行何以戢姦暴而安善良近出示徧諭自城
廂以至各邨圖每百家爲一甲每一甲分十家爲一

牌每甲公舉甲長一人每牌各舉牌長一人各將入戶姓名丁口年歲於所發册內逐一詳細填明送交牌長牌長再交甲長並具實無來歷不明藏匿匪類切結彙交各圖地保於每月朔將册呈縣印爲循册再一本查照填明爲環册俟下月朔繳呈將循册領回以便隨時登核自此循去環來無難查察境內或有盜竊即令其自相挨緝各甲內如隱漏不報并治同甲之罪亦即寓褒相及之義惟檄飭差保查辦恐專事搪塞并難保無滋擾之虞今特諭鄉之衿耆督令編查自不視爲虛文甲長牌長均須誠實曉事之人各衿耆務必詳愼公舉毋稍疎忽瞻徇至領送册籍應令地保一人到縣甲長牌長俱不必偕來如此可無胥吏之擾每日各家須輪流沿門稽察俾盜賊無能藏蹟且使皆講信修睦互相懲勸則小民知爭鬭之非而詞訟可以簡彼此有守望之助而外侮可以禦同甲有相親相保之誼而風俗可以消除莠安良化民成俗之道實在於此誠能行之久而弗懈將見封境謐清俗尚敦厚比閭族黨之中不僅姦慝潛消安堵無恐而同其休戚盡其親睦洗心革面不喁喁然共享太平之福哉

田賦

宋

嘉定咸淳間籍田三十六萬七千三百一十二畝

貢未詳

夏戶人身丁錢五千八百八十九貫八百五十文

綢九百二十疋二丈六尺三寸

絹一萬一千三百六十七疋三丈二尺六寸

綿五千九百七十七屯一兩六錢五分

秋苗米一萬九千九百二十七石四斗一合九勺

淳熙間和預買絹一萬七千九十八疋二丈二尺五寸

寶慶志太宗時馬元方爲三司判官建言方春民用乏絶預貸官錢至夏秋令輸絹於官曰和買然止一時權宜及熙甯新法乃行之天下而浙東紹興爲尤重役來錢既乏支而所買之額不除建炎間累詔寬減淳熙十六年又特減舊額用紓民力

役錢二萬一千九百七貫七百三十文

水陸茶錢七百四十貫一百一十七文

職田米三百三十三石七斗

小綾錢二百五十疋折錢一千五百四十二貫二百五十文

折帛錢五萬三千五百三十四貫五百三十五文

折紬綿五千二百一十九兩

折稅絹麥二百九石五斗

折苗糯米四百八十三石四斗

乾隆李志支移折變入邑多寡不同惟會稽以賴官所在得免其餘尚有經制錢總制錢頭子錢朱墨勘合錢各名色無晰數可稽故不載

課利租額二千五百九十三貫七百二十一文遞年趁到三千五百五十一貫六百七十七文

酒租額一萬二千七百七十四貫九百二文遞年趁到四千五百八十六貫六百六十六文

元

大德至正間籍田三十八萬二千四百六十八畝三角

三步

貢玉面貍額未詳

至元間官民田正米九千二百五十八石二斗四升九合免糧田正米五百三十石七斗六升四合六勺

元時有夏稅麥租鈔酒醋課鈔稅課鈔茶課鈔歷日鈔鹽課鈔諸欵無可查核故仍舊志止載秋糧米數云

明

洪武二十四年籍田土六千六百八十八頃一十六畝五分二毫

內田四千一百一十六頃九十二畝六分有奇地一千五百五十三頃九十三畝有奇山九百六十一頃七十三畝有奇塘五十五頃九十七畝有奇

永樂十年籍田土六千四百八十九頃二十五畝有奇

內田四千一百一十六頃五十畝有奇地一千三百五十四頃九十二畝有奇山九百六十一頃七十七畝有奇塘五十六頃四畝有奇

成化八年籍田土六千四百九十九頃一十七畝七分有奇後撥會稽二十五六兩都入嵊增田土五百五十四頃三十二畝五釐五毫內田五千九百一十六頃五十九畝七分有奇

會稽撥增田二萬八千四百一畝地一千三百六十四頃七十四畝四分有奇會稽撥增地六千六百六十四畝七分三釐五毫山九百七十一頃七十七畝有奇會稽撥增山二萬二百三十三畝五分七釐塘五十六頃五畝五分有奇會稽撥增塘一百三十二畝七分五釐

成化十年知縣許岳英度田土七千一百四十三頃六

畝二釐四毫內田四十三萬七千一百五十四畝一分五毫地一十四萬三千二百五十畝五分四釐四毫山一十二萬八千一百二十七畝二分五釐二毫塘五千七百七十四畝一分二釐三毫俱分別官民兩項

隆慶四年知縣薛周度盈田二百頃五十七畝九分時因歷年坍缺以所度盈田雖攤於四則田內以補其數而田土之額如故間雖減未盡及盈出山塘入儒學贍士

萬歷九年知縣姜克昌度盈田土十七頃三十畝四分八釐五毫統計合邑田土畝量攤減而不加賦

萬歷二十四年知縣王學夔履勘歷年坍荒田土共一十七頃九十畝四分五釐五毫除抵九年盈數外將缺額田糧均攤合縣

而民困
始蘇
萬曆三十七年知縣施三捷訂立全書計田土七千三百四十八頃二十六畝五分四釐七毫內一則田每畝科銀四分八毫米一升四合四勺四則田每畝科銀三分八釐米八合一勺遊謝一則及各鄉四則遊謝長樂四則每畝均科銀三分四釐八毫米不科地每畝一科銀九釐二毫山每畝科銀二釐三毫塘每畝科銀一毫
明初有官田寺觀田站田餘田民田而官田又分職田才賦田平糶田廣利田沒官田斷沒官田俱免差徭寺觀側存香火田三十六畝四其時僉民戶充糧長解納北折賠累傾家惟寺觀不與故民田多詭寄寺觀日續置田以圖倖免餘田分義沒莊田學院田二項民田凡四則一沸田二塘田三坑田四天田各則科米又分四等各視其鄉爲多寡地有官地寺觀地學院地大漲地民地山有官山民山寺山塘有官塘民塘寺塘等則繁多歲久滋弊隆慶時知縣薛周覈平之以官寺站田及民田之一二三則者曰一田

四則者仍曰四田米無多寡而科有重輕其地山塘又各均爲一則後遊謝長樂二鄉援往例告減乃以遊長之一則準各鄉之四則若遊長之四則又視各鄉爲更輕焉於是民均稱便今仍舊稱曰一田曰四田而於遊長之四則俗稱遊四田以別之近更訛遊爲由莫知所自矣

洪武時貢芽茶八觔成化時撥會稽二十五六兩都入嵊又增十觔附會稽縣解又有玉面貍活竹雞雜色皮弓箭弦絲金綫桑穰皮派入額辦銀起解不徵本色

洪武二十四年夏稅麥三百九十二石七斗六升九合四勺

苗麥四百二十八石六斗二升四合八勺

稅鈔七百九十一貫一百九十三文
秋糧米一萬七千七百八十石八升二合
租鈔七千四百三十九貫五百一十九文
賃房鈔一百一十四貫三百二十五文
永樂十三年米一萬七千九百八十二石六斗五升二
合一勺
租鈔七千四百七十三貫三百三文
成化八年秋糧米一萬七千八百六十五石五斗八合
會稽撥增一千八百六十石九斗三升六合六勺
租鈔七千五百三十一貫七百九十文會稽撥增租鈔

九百六十九貫四百三十七文

宏治五年秋糧米一萬九千六百八十六石九斗四升

九合三勺

租鈔一千七百錠一貫二百七十二文

楊炎定兩稅唐以後遂爲定法夏稅毋過八月秋稅毋過明年二月州縣徵輸各以其時爲斷舊志於永樂成化宏治止載秋糧周海門亦謂舊志夏稅數多互異以隆慶時爲的

隆慶間夏稅麥八百七十二石七斗四升四勺

稅鈔一百七十一錠二貫七百八十四文內起運者一日京庫麥存留者四日本縣儒學倉麥日定海廣安倉麥日本府泰積庫鈔日農桑額徵絹俱折色

秋糧米一萬九千五百一十九石五斗四升四合七勺

租鈔一千六百七十七錠三貫一百一十二文二分起內
運者四曰京庫北折米曰南京各衛倉南折米曰水
兌正米曰派剩米一解太倉一解光祿寺存留者四
曰本府預備倉米曰餘姚常豐三倉米曰常豐四倉
米曰本府泰積庫鈔亦折色惟常豐三四倉本折各
半其折價多寡不同至天啟二年知縣黃廷鵠申請
秋米盡改折色每石定價八錢 國朝順治初衛軍
復撓成議欲仍運米索費知縣羅大猷奉文酌議每
石定價一兩加貼解費二錢共銀一兩二錢 郡志
明時有北折南折備折存折扣折改折海折等款南
北折以輸兩京扣備海等折以輸軍門或年有年無
而存留本色若存折備折則以
供官吏軍伍之俸及饑年之賑

萬歷間本色米四千九百七十二石九斗五升二合六
勺條折銀二萬四百六十六兩七錢三分九毫
零積餘米二十一石二斗二升六合九勺折銀二十八兩四分八釐

八毫

兵餉銀五千四百三十一兩九錢三分八釐六毫二絲九忽二微六塵明嘉靖三十四年越有倭患海寇汪五峯復乘機擾亂沿海郡縣朝廷發兵捕勦因于正賦外加派畝分總制胡宗憲始全浙派派銀共四十七萬五千四百餘兩而嵊縣分派五千四百三十一兩九錢有奇民困重歛後巡撫趙炳然劉畿奏減之考之郡志嵊時額解止二千七百四十三兩六錢四分九釐何以至萬歷間奏減之後尚有此數而舊志又稱舊額頗多也不可考矣

東餉銀六千六百六十六兩六錢七分九釐萬歷四十八年每畝加銀九釐九毫八絲

馬價銀四百五十六兩九錢七分

甯波府志先是永樂間河南荒歉馬政無辦暫借浙中八戸丁糧近上之家編爲馬頭到彼應直正德間浙江巡按御史車梁奏革馬頭于田丁内均派徵銀解府轉解布政使交納聽彼驛上司差官領回雇役應當遂以爲常浙民累有陳奏未得豁免　國朝順治九年裁扣充餉

府站銀一千七百一兩九錢七分三釐三絲

明成化八年撥會稽縣兩都入嵊而民苦于役嘉靖間知縣陳宗慶請將東關驛歸併曹娥驛然驛雖裁而壩夫館夫等項仍派銀帮貼萬歷十八年裁減壩夫銀七十九兩六錢七釐　國朝漸次裁扣而協濟之累始免

油榨銀一兩二錢七分六釐

門攤鈔一十九兩八錢一釐三毫三絲

課程額徵鈔一百二十七錠二貫九百四十五文折銀一兩

二錢七分五釐八毫九絲

課課程古關市之徵也宋茶酒礬鹽皆官自賣之元設歷日鈔明初置稅課局大使領之歲辦諸色課稅并商稅課程皆收鈔後鈔壅不行乃以課鈔降依時價折銀視原價不及十之一萬歷間并罷官吏附縣帶徵國朝順治初課程諸名色無定例康熙十六年奉文始定稅契等額

稅課額徵鈔二千一百四十二錠四貫八百八十文折銀二十一兩四錢二分九釐七毫八絲

額辦銀二百六十二兩五錢三分六毫五絲八微內有硝鹿皮狐狸皮銀　桐油銀　藥材銀　弓箭弦條銀　胖襖褲鞋銀俱解府轉解

坐辦銀一千三百五十兩四錢二分一釐八毫遇閏加增內有牲口銀　果品銀　蠟茶銀　菜筍銀　南京并布政司歷日紙料銀　戔船料銀　漆木料

銀　軍器民七料銀　四司工料銀
歲造緞疋銀　茶芽銀　俱由府轉解
雜辦銀二千三百七十二兩五錢七分六釐八毫六絲
遇閏加增　內有本府拜進表箋紱函紙劄銀　本縣
拜賀習儀香燭銀　祭祀合用豬羊品物
銀　諭祭銀　縣祭銀　文廟　啟聖祠　二祭銀
社稷　山川厲壇祭銀　鄉賢名宦祠祭銀　清風祠
祭銀　陳侯祠祭銀　鄉飲酒禮銀　迎春芒神土
牛春花　三牲酒席銀　上司并府縣門　神桃符銀
科舉禮幣進士舉人牌坊銀　武舉供給筵宴盤纏
銀　歲考生員試卷果餅激賞花紅紙筆併童生果
餅　進學花紅銀　提學道考試生員搭蓋篷廠工料
銀　季考生員試卷果餅激賞花紅紙筆銀　起送
科舉生員酒禮花紅卷資路費及各官陪席銀　筵
宴新舉人合用捷報旗匾銀花綵緞旗酒禮銀　起
送會試舉人酒席路費卷資銀　會試舉人水手銀
歲貢生員路費并旗匾花紅酒禮銀　孤老花布
米柴銀　三院司道按臨并本縣朔望行香香燭講
書紙劄銀　三院觀風考試試卷果餅激賞花紅紙

劄筆墨銀　布政司清軍道　公用紙劄銀　按察司直堂公用銀　交際公費銀　兵巡道巡歷心紅紙劄油燭柴炭士夫交際公費銀　巡視海道交際公費銀　三院查盤委官駐劄合送心紅油燭柴炭書吏公給造冊紙張銀　上司各衙門并府縣及查盤取用卷箱架扛鎖索棕單白牌等項銀　部運南糧委官用水手銀　省城上司到任隨衙下道家伙等銀貢院雇覡家伙募夫等銀　上司經臨及一應公幹官員合用心紅紙劄油燭柴炭門厨皁隸米菜銀　本縣新官到任祭門猪羊酒果香燭銀　府縣陞遷給由并應朝官員起程復任公宴祭門祭江猪羊三牲酒果香燭等項銀　府縣心紅紙劄等銀庫器路費銀　戰船民六料銀　雕塡漆匠役銀省城募夫工食銀　上司并公幹員役經臨本縣中火宿食廩糧飯食等銀　經臨公幹員役辦送下程油燭柴炭銀　上司經臨并過往公幹官員合用門皁銀　雇夫銀　本府越望亭并執傘夫本縣修造座船銀　雇雇馬銀　雇船銀　修城民七料銀　修理本縣城垣銀　修理府縣廳堂公廨監房土地祠等處并新官衙字銀　修理本縣公所衙門銀　修

理儒學教官衙宇銀　修理府縣鄉飲公宴祭祀新
官上任齋宿幕次器皿什物及經過公幹官員轎傘
幃褥等銀　司道衙門書吏工食銀　修理官船水
手等銀　頒備雜用銀　表箋通數銀　協濟昌平
州銀　三院司道取給舉人貢士路費卷資銀　獎
賞孝子節婦善人米布銀　按察司進表水手銀
修理院司公館家伙什物銀　恤刑按臨
合用心紅紙劄油燭柴炭吏書供給銀

均徭銀共一千八百五十三兩一錢七分三釐九毫六
絲五忽　南京額班直部柴薪皁隸銀　南京直堂把
門看倉看監隸兵銀　解京富戶銀　撫院
健步銀　按院轎傘夫銀　鹽院完字號座船水手
銀　布政司解戶銀　馬丁銀　左布政司員下聽
事夫銀　督糧漕務道轎傘夫銀　分守溫處道聽
事夫銀　按察司巡視海道皁隸銀　兵巡紹台道
轎傘夫銀　兵巡溫處道甲首銀　兩浙運司將盈
庫看守募丁銀　本府柴薪皁隸銀　皁隸銀　甲
首銀　泰積庫役銀　司獄卒銀　捕盜應捕銀
新官家伙銀　府學齋夫銀　膳夫銀　本縣柴薪

皂隸銀　馬丁銀　門子銀　皂隸銀　獄卒銀
捕盜應捕銀　巡鹽應捕抵課役銀　新官家伙銀
歲貢生員赴京路費銀　預備倉經費役銀　書
手銀　修理倉厫家伙銀　盤量羅夫銀　風車簟
銀　紙劄銀　常豐二倉經費役銀　看守布政分
司按察分司府館門子銀　三界公館門子銀　三
界稅課局抵課巡攔銀　上管儲林天姥三鋪司兵
銀　驛使銀　縣前五里仙巖禹溪八里五鋪司兵
銀　南門渡渡夫并修船銀　本縣儒學齋夫銀
膳大銀　門子廟子掃殿夫銀　啟聖公祠門子銀
教官
家伙銀

明制供御用曰歲進供四用曰歲辦歲辦之中分類徵派有額辦坐辦二差國家大課例不優免官府公費日雜辦惟官員舉貢生員優免三辦皆十年輸轉九年併力一年坊里之長當雜辦往往傾其家嘉靖四十五年御史龐尙鵬以雜辦酌爲定費均派概縣丁田每歲輸糧入官令執事者領銀供辦不役坊里長其二辦亦年年均輸無併力之艱是謂三辦均平役分銀力二差十年以次輪編分別戶之三等配以

煩簡輕重胥吏得上下其間弊孔百出嘉靖四十八年餘姚知縣周鳴塤議將銀力二差一概徵銀雇募亦經龐尚鵬題准通行隆慶元年餘姚知縣鄧喬材謂夏稅秋糧及三辦內織悉名色不下三四十項歷陳多科重徵謀收侵盜諸弊請將各色額稅併爲一主徵收名曰一條鞭派徵則攢爲一總起解則分項開銷盡除贈耗收頭及欺勒小戸之弊具呈三院如議通行後頒其法于天下而賦額大率祗二項曰本色米條折銀其不入條鞭者惟鹽糧鹽鈔油榨門攤等項而已嵊至萬歷間始行此法知縣施三捷重纂全書而規制畫一矣

以上乾隆李志

附錄明潘晟均平田賦碑記剡邑弟子員胡夢龍尹汝陽持均田平賦碑記遠示余乞一言弁諸首余於誼不敢辭余邑於剡接壤歷覩前令鮮有聞於其官者壽春薛侯令茲邑獨能懸明秉公約己節用凡一切蟊蠹厲民之政悉舉而更張之殊已凛然易覩聽矣至於田賦坍塌既甚又多至百有餘則飛詭沿百餘年積弊有不可勝言者侯乃廣集衆議獲請於當塗遴取里胥耆民强幹者將原額官民寺站山田

地共六七十萬畝有奇逐一測量田則以新墾補塌塌之數賦則祗取足原額而盡戛平之畧倣神禹則九州之遺意觀侯之覆議可概見矣然而富室豪横之徒猶有媒孽其令思以自便其私者使非當路知侯之深任侯之篤其不至於自焚溺者幾希矣古云民可與樂成不可與慮始豈不信哉雖然慮始固難樂成尤爲未易也昔余邑宋侯度田平賦最爲盡善今未三十年而府庫之籍散逸幾半余每請緝續之竟未有能傳其美者今剡籍已成又以其議鑴諸石矣二生歸其諗於邑之士民自今以後盍相與思侯之苦心共存侯之美政毋徒惡其害已而思去其籍如余邑之可歎也如此則侯侯亦永有利賴於剡矣

黄廷鵠改折秋糧議

嵊爲溪山墝埆之區土田呰窳刈穫微薄民間口食歲嘆呼庚今謂嵊之去衞三百餘里運米爲易而衞之去餘姚數十里貿米爲難其謬一也軍士如不願改折則昔年餘新二縣又何以帖然樂從乎謂樂于五錢之折而不樂于七錢之折其謬二也時先議折七錢也本邑於運米一節賠累百端自官司而隸卒自鄉紳而細民人人蒿目疾首故敢控血瀝誠哀籲當軸冀一邑之蘇息今以通邑

所禱祝而求者而謂糧戶突牛釁端其謬三也邊城雖無屯種然米價常可五錢而以七錢爲折每歲所餘不啻九睭之餘卽此可備緩急矣如果風塵有警彼糧戶能通課於無事者非能效命於有事者也無己則徵兵轉餉石室別有籌畫卽各邑唇齒相關休息一體甯復以常調拘拘者哉其謬四也卽今雖云運米其實軍民兩從私便大抵多歸於折矣有所偏利於駔儈則曰願折而有所均惠於黎庶則曰不願折於情於事然乎否乎其謬五也秖緣本邑臬棍積囊與該衞旗舍侵牟饕餮互相首尾此不顧民害而彼不顧軍害每陳請一番則必梗撓一番卽該衞官亦不覺墮其雲霧中爾其謬六也時邑人周太僕汝登喻中丞安性咸贊成之嵊邑徵解之累始甦　陳宗慶請裁東關驛揭嵊縣邑小役繁原無驛遞自成化八年奏撥會稽兩都帶來差役始有東關協濟其初止編館夫一十二名及扛解等費縣派銀一百三十兩解府轉發彼縣幫僱自役會稽之民設計陸續行文加增又派水夫二十七名壩岸夫銀二百八十餘兩然亦俱是解銀幫貼至嘉靖二十四年甯波府白推官委掌紹興府印查盤本驛會稽之民其心不

廨告令本縣照遵於每年徭役編派大戶解驛當值
山縣小民懼見官長況地遠人疎但從僱募驛邊光
棍代役其役每官價一兩坐取三兩後且倍之近甚
至十三四兩又有酒禮見禮使用且不從實支值往
往恨事取罪則又復捐本役納罪罪一兩者勒至五
六兩或自出身承當則驛旁棍徒復拴串黨類於過
往承差及賓客僕從多方唆使極稱徭戶殷實稟給
口糧可折乾若下不聽則皮鞭撻之又木石搥之或
索綑懸弔之必可乃已輪流當值往往家破人亡爲
民牧者痛心切骨看得曹娥東關二驛可合爲一驛
夫驛合則費可省而本
縣之一夫役可裁伏惟裁決

國朝

乾隆李志按順治十三年命戶部右侍郎王宏祚將
各省額定徵收起存總撒實數編撰成帙名曰賦役
全書錢糧則例俱照萬歷年間其啟禎時加派盡行
蠲免地丁原額以萬歷刊書爲準除荒以覆奉俞旨
爲憑若九釐銀增前書所未載宗祿銀改存留爲起
運漕白悉依舊額行月必令均平胖襖盔甲解本色

者易爲改折南糧本折留南用者抵作軍需經費定有新規裁冗改歸正項本色顏料銅錫茶蠟等項已改折者照督撫題定價值開列解本色者照刊書價值造入頒布天下官民遵爲令式又康熙二年左布政司袁一相條議錢糧既以一條鞭徵收亦應以一條鞭起解除輕齎淺貢行月解糧道站銀解驛道鹽課解運司采辦本色解府外凡部寺各項彙爲一條解司司又自分款項解部嗣後遂無紛紜之弊

原設版圖八十二坊里今編順莊三百九十二莊

原額田四千四百五十八頃二十三畝二釐四毫內

各鄉一則田二千三百九十六頃二十六畝七分六釐五毫　康熙六年爲清查各省等事案內丈出田一頃五十畝五釐三毫康熙三十三年爲遵例開墾事案內開墾陞科田一畝六分五釐八毫　雍正十一年爲加陞田塘糧銀事案內地塘改爲田三畝二分八　實該田二千三百九十七頃八十一畝六分八毫

釐四毫每畝徵銀六分七釐該銀一萬六千六十五
兩三錢七分二釐八毫二絲八忽　每畝徵
米八合二勺該米一千九百六十
六石二斗九合八勺八撮八圭

遊仙鄉并各鄉四則田一千九百五頃三十二畝三分
七毫　康熙六年爲清查各省等事案內丈出田一頃
一十一畝一分一毫　康熙三十一年爲確查
開報陞科事案內開墾陞科田三分　康熙三十三
年爲遵例開墾事案內開墾陞科田八畝四分　雍
正七年爲欽奉上諭事案內首報田一畝七分七
釐　雍正十一年爲確查開報陞科事案內陞科田
五十二畝三分六釐二毫又爲加陞田塘糧銀事案
內地改田五十畝九分三釐三毫　雍正十二年爲
確查開報陞科事案內陞科田五畝一分二釐一毫
又爲加陞田糧事案內地山改田六十畝五分三釐
　乾隆元年爲確查開報陞科事案內陞科田五十
三畝八分二釐八毫又爲加陞田糧事案內地山塘
改田二頃三畝八釐一毫　乾隆八年爲確查開報
陞科事案內陞科田五十八畝三分九釐三毫二絲

又爲加陞田糧事案內地山改田四十二畝一分一釐四毫　乾隆十七年爲確查開報陞科事案內陞科田一頃二十八畝六分一釐六毫又爲加陞田糧事案內地改田四十一畝三分三釐七毫　乾隆二十八年爲確查開報陞科事案內陞科田一頃二十九畝九分九釐三毫又爲加陞糧銀事案內地山改田二頃一畝五分四釐六毫　乾隆三十五年爲確查改報陞科事案內陞科田三十三畝六分四釐九毫又爲加陞糧銀事案內地山改田三十畝一分七釐四毫　乾隆三十八年爲確查開報陞科事案內陞科田二十五畝一分五釐又爲加陞糧銀事案內地改田四頃二十五畝三分九釐四毫　乾隆三十九年爲確查開報陞科事案內陞科田二十二畝五分六釐七毫　乾隆四十年爲確查開報陞科事案內陞科田二十五畝七釐一毫又爲加陞糧銀事案內地山改田四畝四分三釐七毫　乾隆四十一年爲確查開報陞科事案內陞科田一畝六釐九毫又爲加陞銀糧事案內地改田二十七畝二分七釐五毫　乾隆四十六年爲確查開報陞科事案內陞科田一十七畝七釐二毫　乾隆五十一年爲確查

開報陞科事案內陞科田二十三畝八分七釐五毫
又爲加陞銀糧事案內地改田三十一畝九分八毫
嘉慶元年爲確查開報陞科事案
內陞科田十七畝七分六釐五毫　實該田一千九
百二十三頃六十一畝一分三釐八毫二絲每畝徵銀六分
二釐五毫該銀一萬二千二十二兩五錢七分一釐
一毫三絲七忽五微每畝徵米四合三勺該米八百
二十七石一斗五升二合
八勺九抄四撮二圭六粟

遊長鄉四則田一百五十六頃六十三畝九分五釐二
毫　乾隆元年爲加陞田糧事案內地改田一十一畝
四分六釐六毫　乾隆八年爲確查開報陞科事
案內陞科田三分三釐三毫　乾隆三十八年爲確
查開報陞科事案內陞科田五畝四分五釐三毫
乾隆四十年爲確查開報陞科事案內陞科田三畝
八分三釐四毫　又爲加陞糧銀事案內地山改田
五畝八分二釐八毫　乾隆四十六年爲確查開報
陞科事案內陞科田二十七畝一分六釐三毫　又

爲加陞糧銀事案內地改田四畝一分八毫　乾隆五十一年爲確查開報陞科事案內陞科田一十二畝五分二釐五毫　又爲加陞糧銀事案內地改田一畝二分二釐三毫實該川一百五十七頃三十五畝八分八釐五毫每畝徵銀六分一釐二毫　該銀九百六十三兩三分六釐一毫六絲二忽

原額地一千五百頃三十畝八分二釐康熙六年爲清查各省等事案內丈缺地一頃一十九畝七分八釐一毫　雍正七年爲欽奉上諭事案內首報地一畝　雍正十一年爲確查開報陞科事案內陞科地二頃四畝五分一釐七毫　雍正十二年爲確查開報陞科事案內陞科地二畝七分五釐　乾隆元年爲確查開報事案內陞科地二頃九十二畝三分八釐八毫　又爲加陞田糧事案內山改地四畝七分一釐二毫　乾隆八年爲確查開報陞科事案內陞科地一頃三畝九分四釐七毫　乾隆十七年爲確查開報陞科事案內陞科地九十二畝二分　又爲加陞田糧事案

內山改地三畝四分二釐六毫　乾隆二十八年爲
確查開報陞科事案內陞科地七十六畝九分五釐
三毫又爲加陞糧銀事案內山改爲地一十一畝
一分三釐五毫　乾隆三十五年爲確查開報陞科
事案內陞科地三畝四分五釐七毫　乾隆三十八
年爲確查開報陞科事案內陞科地五十九畝六分
七釐　乾隆四十年爲確查開報陞科事案內陞科
地二畝二分九釐八毫　乾隆四十一年爲確查開
報陞科事案內陞科地五畝四分四釐九毫　乾隆
五十一年爲確查開報陞科事案內陞科地五分五
釐九毫　除雍正十一年爲加陞田塘糧銀事案內
地改爲田塘除地五十三畝六分七釐二毫　雍正
十二年爲加陞田糧事案內地改爲田除地五十四
畝四分五釐二毫　乾隆元年爲加陞田糧事案內
地改爲田塘除地二頃一十二畝五分八釐四毫
乾隆八年爲加陞糧銀事案內地改爲田除地三十
九畝六毫　乾隆十七年爲加陞田糧事案內地改
爲田除地四十一畝三分三釐七毫　乾隆二十八
年爲加陞糧銀事案內地山改爲田地山除地二頃
九畝三分六釐六毫　乾隆三十五年爲加陞糧銀

事案內地山改爲田除地三十畝七釐四毫　乾隆三十八年爲加陞糧銀事案內地改爲田除地四頃二十五畝三分九釐四毫　乾隆四十年爲加陞糧銀事案內地山改爲田除地九畝七分六釐五毫　乾隆四十一年爲加陞糧銀事案內地改爲田除地二十七畝二分七釐五毫　乾隆四十六年爲加陞糧銀事案內地改爲田除地四畝一分八毫　乾隆五十一年爲加陞糧銀事案內地改爲田除地三十三畝一分三釐一毫　嘉慶元年爲確查開報陞科事案內陞科地三畝三分二釐　實該地一千四百九十六頃三十八畝六分五釐六毫每畝徵銀一分六釐三毫該銀二千四百三十九兩一錢一分九絲二忽八微

原額山一千三百二十六頃三十畝二分三毫康熙六年爲清查各省等事案內丈出山八十八畝八分四毫　乾隆二十八年爲加陞糧銀事案內地山改爲山六畝八分八釐五毫　除雍正十二年爲加陞田糧事案內山改爲田除山六畝七釐八毫　乾隆元年爲加

陞田糧事案內山改爲田地除山三畝八分 乾隆八年爲加陞田糧事案內山改爲田塘除山四畝 乾隆十七年爲加陞田糧事案內山改爲地除山三畝四分二釐六毫 乾隆二十八年爲加陞糧銀事案內地山改爲田除山九畝二分 乾隆三十二年爲加陞糧銀事案內地山改爲田除山一分 乾隆四十年爲加陞糧銀事案內地山改爲田除山五分 實該山一千三百二十六頃九十八畝七分八釐八毫 每畝徵銀四釐該銀五百三十兩七錢九分五釐一毫五絲二忽

原額塘六十三頃四十二畝五分 康熙六年爲清查各省等事案內丈出塘三十三畝五分三釐二毫 雍正十一年爲確查開報陞科事案內地改塘八分三釐一毫 乾隆元年爲加陞科事案內地改爲塘一畝四分五釐八毫 乾隆八年爲確查開報陞科事案內陞科塘四分六釐九毫 又爲加陞田糧事案內山改塘八分九釐二毫 乾隆三十五年爲確查開報陞科事案內

陞科塘二畝一分一釐三毫　乾隆四十六年爲確查開報陞科事案內陞科塘八分七釐五毫　乾隆五十一年爲確查開報陞科事案內陞科塘四分七釐九毫　除雍正十一年爲加陞田糧事案內塘改爲田除塘一畝三分　乾隆元年爲加陞田糧事案內塘改爲田除塘三分　實該塘六十三頃八十一畝五分四釐九毫　每畝徵銀一毫八絲該銀一兩一錢四分八釐六毫七絲八忽八微二塵

原額戶口人丁一萬八千四丁口內

市民成丁人口一千三百七口　每口徵銀一錢二分一釐該銀一百五十八兩一錢四分七釐

市民食鹽鈔人口一百九十一口　每口徵銀六分二釐三毫該銀一十一兩八錢九分九釐三毫

鄉民成丁人口一萬二千六百六十一口康熙六年清出人丁一十五丁口實該成丁一萬二千六百七十六口每口徵銀一錢四分四釐七毫該銀一千八百三十四兩二錢一分七釐二毫每口徵米一升四合七勺共該米一百八十六石三斗三升七合二勺

鄉民食鹽鈔人口三千八百四十五口每口徵銀八分七釐一毫該銀三百三十四兩八錢九分九釐五毫每口徵米一升四合七勺該米五十六石五斗二升一合五勺

每田三頃四十二畝六分八釐派市民成丁一口

每田二十三頃四十四畝九分六釐派市民食鹽鈔丁一口

每田三十五畝三分三釐派鄉民成丁一口

每田一頃一十六畝四分八釐派鄉民食鹽鈔丁一口

以上田地山塘人丁等項共徵銀三萬四千三百六十一兩一錢九分七釐五絲一忽一微二塵　一加顏料新加銀三十三兩四錢四分九釐八毫七絲五忽　一加蠟茶新加銀一十一兩三錢七分四釐二毫三絲七忽二徵一塵　一加顏料時價銀七兩九錢六分五釐九毫四絲一忽四微六渺二漠五埃　一加蠟茶時價銀二兩一錢九分六毫二絲九忽一微二塵五渺　一加藥材時價銀三兩三錢三分八釐三毫一絲二忽一微二塵五渺　一加匠班銀四十一兩八錢一分四釐　以上六欵每年丁地丁項下每兩帶徵　一加收零積餘米一十八石八斗六升六合五勺九抄三撮一圭今每石改徵銀一兩該銀一十八兩八錢六分六釐五毫九絲三忽一微　一加孤貧口糧米七十二石今每石改徵銀一兩該銀七十二兩

統共實徵銀三萬四千五百五十二兩一錢九分六

釐六毫三絲九忽八塵六渺二漠五埃乾隆五十二年奉文存留其歸起運其年例應給存留各欵按題赴藩庫請發轉給仍于嘉慶四年分奉文應給存留銀兩留縣支給照例造入題銷册內分別收支造報核銷

共徵米三千三十六石二斗二升一合四勺三撮六粟一除收零積餘米一十八石八斗六升六合五勺九抄三撮一圭　一除賑貧口糧米七十二石實徵米二千九百四十五石三斗五升四合八勺九撮九圭六粟

外賦人地丁科徵稅課局課鈔銀五兩均徭編徵抵裁冗兵餉隨糧帶徵卽在地丁編徵之內

外賦不入地丁科徵銀二十三兩六錢三分六釐六毫

五絲丙鹽課苦滷稅銀三兩每兩車珠一分七釐該銀五分一釐不入田畝科徵

本縣課鈔銀一兩二錢七分五釐八毫九絲原係市鎮鋪行出辦歸經費用今歸入地糧編徵

稅課局課鈔銀一十六兩四錢二分九釐七毫六絲原係市鎮鋪行出辦歸經費用今歸入地糧編徵

薦新芽茶一十八觔每觔價銀一錢六分該銀二兩八錢八分原係茶戶出辦今歸入地糧編徵

以上地丁外賦共實徵銀三萬四千五百七十五兩八錢三分三釐二毫八絲九忽八塵六渺二漠五埃

每兩徵耗羨銀五分該銀一千七百二十八兩七錢九分一釐六毫六絲四忽四微五塵四渺三漠一埃二纖五沙

起運銀三萬一千九百五十七兩九錢三分三釐二毫四絲三忽二微八塵八渺六漠三埃六纖六沙鋪墊解損滴珠路費銀一百四十兩四錢六分二釐二毫四絲八忽二微九塵六渺六漠一埃三纖四沙內

戶部本色銀一百五十兩二錢八釐二毫九絲一忽六塵二渺五漠鋪墊解損滴珠路費銀九兩二錢六分八釐七毫三絲六忽九微九塵七渺五漠內

顏料本色銀一十一兩一錢一分五毫九絲七忽六微五塵六渺二漠五埃鋪墊解損路費銀四兩二錢五釐七毫六微二塵五渺徵銀解

司另款解
部充餉
顏料本色加增時價銀七兩九錢六分五釐九毫四絲一忽四微六渺二漠五埃每年纂入由單頒發徵輸另款解司彙充餉用
顏料改折銀一十二兩五錢六分三釐四毫六忽二微五塵鋪墊損解路費銀四兩三錢五分一釐一毫五絲八忽七微五塵徵銀解司另款解部充餉
顏料改折加增時價銀三十三兩四錢四分九釐八毫七絲五忽不入科則每年于地丁項下每兩科加徵銀解司另款解部充餉
蠟茶本色銀一十五兩二錢六分七釐五毫七絲五忽八微七塵五渺徵銀解司另款解部充餉
蠟茶本色加增時價銀二兩一錢九分六毫二絲九忽

一徵二塵五渺每年纂入由單頒發徵銀另款解司彙充餉用

黃蠟折色銀四十九兩五分六釐二毫七絲一忽路費銀五錢二分五釐八毫三絲七忽六微七塵五渺徵銀解司另款解部充餉

黃蠟加增時價銀一兩七釐八毫三絲三忽五微路費銀一分七絲八忽三微三塵五渺不入科則每年于地丁項下每兩科加徵銀解司另款解部充餉

芽茶折色銀四兩七錢七分六釐一毫二絲三忽七微五塵路費銀四分七釐七毫六絲一忽二微三塵七渺五漠徵銀解司另款解部充餉

芽茶加增時價銀六兩三錢九分八釐九毫七絲五忽路費銀六分三釐九毫八絲九忽七微五塵不入科則每年于地丁項下每兩科加徵銀解司另款解部充餉

葉茶折色銀二兩五錢六分六釐二毫五絲路費銀二分五釐六毫六絲二忽一微徵銀解司另欵解部充餉

葉茶加增時價銀三兩八錢五分四釐八毫一絲二忽五微路費銀三分八釐五毫四絲八忽一微二塵五渺不入科則每年于地丁項下每兩科加徵銀解司另欵解部充餉

以上共地丁銀一百四兩四錢九分六釐三毫四絲五忽三微一塵八渺七漠五埃

新加銀四十四兩八錢二分四釐一毫一絲二忽二微一塵

時價銀一十兩一錢五分六釐五毫七絲五微三塵

一渺二漠五埃

戶部折色銀八千七百二十九兩八錢七分三釐一毫八絲二忽八微四塵八渺二漠滴珠路費銀八十六兩八錢三分八釐九毫二絲三忽七塵四渺一漠一埃三纖四沙內

折色銀八千六百四兩七錢二分九釐七毫六絲四忽六微二塵八渺二漠滴珠路費銀八十六兩八錢三分八釐九毫二絲三忽七塵四渺一漠一埃三纖四沙

康熙六年丈量陞科銀一十七兩五錢七分六釐六毫八絲四忽九微六塵

康熙三十一年陞科銀一分八釐七毫五絲

康熙三十三年陞科銀六錢三分六釐八絲六忽
雍正七年陞科銀一錢二分六釐九毫二絲五忽
雍正十一年陞科銀九兩一錢二分九釐五毫六絲二忽五微八塵
雍正十二年陞科銀三兩二錢三分六釐一毫三絲二忽九微
乾隆元年陞科銀一十八兩一錢二分一釐一毫五絲九微四塵
乾隆八年陞科銀七兩三錢四分四釐八毫六絲二忽八微八塵

乾隆十七年陞科銀一十一兩一錢一分八釐二毫六
絲九忽二微
乾隆二十八年陞科銀九兩三錢七分八釐八毫九絲
六忽四微　又加陞銀九兩二錢九分三釐六毫九
絲九忽七微
乾隆三十五年陞科銀二兩一錢五分九釐七毫九絲
一忽九微四塵
又加陞銀一兩三錢九分五釐二毫六絲八忽八微
乾隆三十八年陞科銀一兩九錢五釐五毫九絲八忽
六微

又加陞科銀九錢七分二釐六毫二絲一忽

又加陞科銀一十九兩六錢五分三釐二毫二忽八微

乾隆三十九年陞科銀一兩四錢七分二釐九毫三絲七忽五微

乾隆四十年陞科銀一兩八錢三分九釐三絲五忽七微

又加陞銀四錢七分二釐八毫一絲六忽六微

乾隆四十一年陞科銀一錢五分五釐六毫三絲一忽二微

又加陞銀一兩二錢六分一毫五忽
乾隆四十六年陞科銀二兩七錢二分九釐五毫三絲
三忽一微　又加陞銀一錢八分四釐四毫四絲九
忽二微
乾隆五十一年陞科銀二兩二錢六分七釐九毫一絲
五忽四微二塵　又加陞銀一兩五錢二分九釐六
絲二忽三微
嘉慶元年陞科銀一兩一錢六分四釐四毫二絲八忽
五微
以上共地丁銀八千八百一十六兩七錢一分二釐

一毫五忽九微二纖二渺三漠一埃三纖四沙

禮部本色銀八兩三錢二分七纖二毫一絲二忽一微二塵五渺袋袱簍損路費銀七兩五分四纖四毫五絲內

薦新芽茶折徵銀二兩八錢八分黃絹袋袱旗號簍損路費銀六兩

藥材本色銀六錢七分七毫四絲八忽三微二塵九渺津貼路費銀三錢三分五纖三毫七絲四忽一微六塵四渺五漠徵銀解司另欵解　部充餉

藥材改折銀一兩四錢三分八纖一毫五絲一忽六微七塵一渺津貼路費銀七錢一分九纖七絲五忽八微三塵五渺五漠徵銀解司另欵解　部充餉

藥材加增時價銀三兩三錢三分八纖三毫一絲二忽

一微二塵五渺每年纂入由單頒發徵輸另欵解司彙充餉用

以上共地丁銀九兩一錢六分三釐三毫五絲不入

田畝外賦芽茶折徵銀二兩八錢八分藥材時價銀

三兩三錢三分八釐三毫一絲二忽一微二塵五渺

禮部折色銀五十二兩五錢七分八釐八毫路費銀四兩九分三釐三毫八絲

以上共地丁銀五十六兩六錢七分二釐一毫八絲

工部本色銀三十五兩五錢二分七釐三毫六絲五忽鋪墊路費銀二十二兩五錢八分七毫七絲五忽二微二塵五渺

本色桐油銀六兩六錢一分七釐八毫四絲二忽五微

墊費銀二十二兩二錢九分一釐六毫八絲徵銀解司另欵解　部充餉

桐油改折并墊費銀二十八兩九錢九釐五毫二絲二忽五微路費銀二錢八分九釐九絲五忽二微二塵五渺徵銀解司另欵解　部充餉

以上共地丁銀五十八兩一錢八釐一毫四絲二微二塵五渺

工部折色銀一千八百七十兩二錢四分四釐八毫七忽路費銀六兩五分六釐二毫八絲三忽內

折色銀一千八百二十八兩四錢三分八毫七忽路費銀六兩五分六釐二毫八絲三忽

匠班銀四十一兩八錢一分四釐

以上共地丁銀一千八百三十四兩四錢八分七釐九絲　田畝帶徵匠班銀四十一兩八錢一分四釐

裁改存留解部充餉銀一萬四百二十九兩三錢三分七釐三毫五絲七忽九微八塵七渺九漠三埃六纖六沙　路費銀四兩五錢六分九釐七毫內

軍儲倉餘存充餉銀二百九十九兩四錢九分三釐六絲八忽六微四塵九渺

南折充餉銀五千九兩七錢四分二釐　順治八年奉文每石折銀一兩五錢

順治九年舊編裁剩解部并米折銀六百七十一兩

九錢八分六釐二毫五忽四塵九渺三漠三埃六纖六沙本府捕盜應捕銀一十四兩四錢　本縣捕盜應捕銀四十三兩二錢　鹽捕抵課并滴珠銀一十八兩一錢八分　上司按臨并本縣朔望行香講書紙劄筆墨香燭銀三兩　外省馬價銀四百五十六兩九錢七分　本縣預備倉經費銀二十二兩常豐二倉經費銀一十五兩六錢　本縣預備雜用銀四十九兩八錢　各役工食裁剩銀三兩八錢三分七釐五毫五絲四忽一微九塵六渺一漠　收零積餘銀二十六兩一錢三分二釐五絲七忽七微五塵三渺二漠三埃六纖六沙　收零積餘米易銀一十八兩八錢六分六釐五毫九絲三忽一微共該前數　馬價路費銀四兩五錢六分九釐七毫

順治九年裁扣銀二百五十一兩六錢本府知府倉庫書庫子銀一十六兩八錢　通判門子燈夫銀四兩八錢　本縣知縣修宅傢伙銀二十兩　吏書門皁馬快民壯燈夫禁卒轎傘扇夫倉庫書庫書斗級銀一百九十三兩二錢　縣丞書門皁馬銀八兩四錢　典史書門皁

馬銀八兩四錢

順治十二年裁知縣迎送　上司傘扇銀八兩

順治十四年裁扣銀二百六十七兩九錢三分二釐本府進表委官盤纏四錢九分　分守甯紹台道轎傘扇夫銀八兩四錢　本縣知縣薪銀油燭傘扇銀三十兩四錢九分　縣丞薪銀八兩三錢二釐　生員廩糧銀一百二十八兩　上司經臨公幹官員辦送下程油燭柴炭銀四十九兩四錢　門神桃符銀一兩五錢　鄉飲酒禮銀八兩　提學道考試搭蓋篷廠銀一兩一錢　歲考生員試卷果餅激賞花紅紙劄筆墨并童生果餅進學花紅銀一十七兩五錢　季考生員試卷果餅激賞花紅紙劄筆墨銀一十四兩備用銀內扣按察司進　表水手銀七錢五分

順治十四年裁膳夫銀四十兩

順治十四年裁里馬銀一十六兩八錢八分

順治十四年裁分守寧紹台道轎傘扇夫銀七錢
順治十四年裁膳夫銀三兩三錢三分三釐三毫
順治十四年裁里馬銀一兩四錢六釐六毫六絲六忽
順治十六年裁閏月俸銀一十四兩九錢六分三釐　本縣知縣俸銀三兩七錢四分九釐九毫　縣丞俸銀三兩三錢三分三釐三毫　典史俸銀二兩六錢二分六釐六毫　教諭俸銀二兩六錢二分六釐六毫　訓導俸銀二兩六錢二分六釐六毫
康熙元年裁吏書工食銀七兩　本縣知縣吏書銀六兩　縣丞書辦銀五錢　典史書辦銀五錢
康熙二年裁倉庫學書工食銀二兩六錢　本府倉書銀五錢　庫書銀五錢　本縣倉書銀五錢　庫書銀五錢　學書銀六錢

康熙三年裁敎諭門子銀一兩八錢

康熙三年裁齋夫銀三兩

康熙十四年裁修理官船并水手銀三兩

康熙二十四年裁甯紹巡道轎傘扇夫銀三兩五錢

康熙三十一年裁驛站銀一百二十兩五錢五分一釐四毫八絲三忽一微六塵六渺六漠六埃六纖二沙

本府各驛新加銀八十七兩五錢七分四釐八毫一絲九忽一微六塵六渺六漠六纖二沙　養膳應差夫銀三十兩四錢七分六釐六毫六絲四忽　差馬銀二十二兩五錢

康熙五十年裁縣丞經費銀三兩　門子銀五錢　皁隸銀二兩　馬夫銀五錢

康熙十四年裁扣銀八十二兩一錢九分八毫九絲修城
民七料銀二十一兩八錢八分　季考生員試卷果
餅花紅紙劄筆墨裁半府銀二兩　縣銀五兩　縣
備用銀三十三兩三錢一分八毫
九絲　修理本縣城垣銀二十兩
康熙十五年裁扣銀四十四兩六錢七分二釐一毫一
絲二忽一微九塵六渺五漠八埃　各院觀風試卷果餅紙劄筆墨府銀
四兩　本縣新任祭門銀二兩八錢五分　紳衿優
免丁銀三十七兩八錢二分二釐一毫一絲二忽一
微九塵六渺
五漠八埃
康熙十六年裁扣銀一十兩五錢　迎春裁半銀二兩　儒學喂馬草料裁半
銀六兩　本縣陞遷給由應朝起程
復任公宴祭門祭祀銀二兩五錢
康熙二十四年裁甯紹道轎傘扇夫銀四十二兩

康熙二十七年裁歲貢赴京路費銀三十兩

康熙二十七年續裁扣銀一百五十兩一錢三分三釐九毫　科舉禮幣進士舉人牌坊銀七十兩四錢一分二釐八毫　會試舉人水手銀三十二兩武舉筵宴銀四錢五分　貢院催稅傢伙并募夫銀二兩迎宴新舉人旗匾花紅旗帳酒禮府銀二兩五錢縣銀四兩　起送會試舉人酒席路費卷資府銀八兩三錢八分四釐四毫　縣銀九兩三錢三分三釐四毫　賀新進士旗匾花紅酒禮府銀二兩　縣銀二兩　起送科舉生員花紅卷資路費酒席府銀四兩四錢　縣銀一十二兩六錢五分三釐三毫

康熙三十一年裁驛站銀一千五百九十兩四錢六分七釐八毫三絲　本府各驛銀一千一百三十兩八錢六分七釐八毫三絲應差夫銀一百二十九兩六錢　差馬銀二百七十兩僱船銀六十兩

康熙五十年裁縣丞經費銀七十六兩俸銀四十兩皁隸銀二十四兩門子銀六兩馬夫銀六兩

康熙五十六年裁本府拜進表箋綾函紙劄寫表生員工食香燭等銀一兩七錢五分

雍正三年裁憲書紙料銀一十兩九錢二釐

雍正六年裁扣銀四十三兩二錢本府通判燈夫銀一十二兩本縣燈夫銀二十四兩東關驛館夫銀七兩二錢

雍正十二年裁扣民壯工食銀一百二兩

乾隆十二年裁扣民壯工食銀六十兩

乾隆十九年裁本府諭祭銀六兩六錢六分六釐六毫六絲

以上共地丁銀九千五百五十九兩八錢一分五釐二毫六絲四忽八微八塵七渺九漠三埃六纖六沙

積餘米易銀一十八兩八錢六分六釐五毫九絲三忽一微

留充兵餉改起運銀一萬九百九十三兩一錢五分六釐二毫二絲七忽二微六塵五渺內

田地山銀三千六百六十三兩三錢六分五釐七絲四忽三微六塵原編銀三千七百七十七兩八錢四分五毫七絲四忽三微六塵除編入存留

項下致祭　關聖帝君銀六十兩　厲壇米折銀六
兩　儒學加俸銀四十八兩四錢八分實該前數
兵餉銀七千三百二十九兩七錢九分五釐六毫五絲
二忽九微五渺
以上共地丁銀一萬九百九十三兩一錢五分六釐
二毫二絲七忽二微六塵五渺
嘉慶七年裁編設　臬司衙門驛站歸起運充餉銀八
百五十五兩二錢二分五釐二毫　原編銀二千七百七十七兩一錢七
分三釐三絲　除協濟龍游縣銀二十六兩七錢一
分　江山縣銀一十八兩　常山縣銀八十兩二錢
九分抵解兵餉編入兵餉項下　完字號座船水手
銀一兩改編藩司項下　順治十四年裁公幹官員
下程油燭銀四十九兩四錢　順治十四年裁里馬
銀一十六兩八錢八分　康熙八年裁中飲銀五十

兩　公幹官員心紅紙劄油燭柴炭銀二十二兩門皁銀六十兩　康熙三十一年歸入地丁項下本府各驛銀一千一百三十兩八錢六分七釐八毫三絲　應差夫銀一百二十九兩六錢　差馬銀二百七十兩僱船銀六十兩　雍正六年裁東關驛　本館夫銀七兩二錢編入裁扣項下外實該前數

府各驛銀五百六十三兩九錢五釐二毫原編銀一千七百一兩九錢七分三釐三絲　康熙三十一年歸入地丁項下充餉銀一千一百三十兩八錢六分七釐八毫三絲　雍正六年裁東關驛館夫銀七兩二錢編入裁扣項下外實該前數

養膳應差夫四十名夫頭一名共銀二百九十一兩三錢二分原編銀五百四兩四錢　除協濟常山縣銀七百五兩抵解兵餉　順治十四年裁里馬銀八兩四錢八分　康熙三十一年歸入地丁項下充餉應差夫銀一百二十九兩六錢實該前數應差夫四十名銀七兩二錢　夫頭一名銀三兩三錢二分

以上共地丁銀一萬四百一十五兩四分四毫大絲四忽八微八塵七渺九漠三埃六纖六沙　積餘米易銀一十八兩八錢六分六釐五毫九絲三忽一微

留充兵餉改起運銀一萬六百八十一兩八錢三分六釐二毫二絲七忽二微六塵五渺內

田地山銀三千三百五十二兩四分五毫七絲四忽三微六塵原編銀三千七百七十七兩八錢四分五毫七絲四忽三微六塵除編入存留項下致祭文昌帝君銀二十兩致祭關聖帝君銀六十兩厲壇米折銀六兩儒學加俸銀四十八兩四錢八分驛站經費銀二百九十一兩三錢二分實該前數

兵餉銀七千三百二十九兩七錢九分五釐六毫五絲

二忽九微五渺

以上共地丁銀一萬六百八十一兩八錢三分六釐二毫二絲七忽二微六塵五渺

鹽課詳歸藩司充餉

鹽院完字號座船水手銀一兩係地丁編徵

鹽課運司專轄

額外歲徵鹽課苦滷稅銀三兩每兩車珠一分七釐該銀五分一釐

係不入田畝外賦編徵

漕運糧儲道專轄

隨漕本色月糧給軍米二千九百石每石折徵銀一兩二錢該徵銀三千

四百八十兩

隨漕折色銀三百五十兩九錢六釐六毫三絲一忽五微一渺內淺船料銀二百九十七兩八錢三分二釐七毫原編解船政同知支銷後該同知奉裁仍行解道

貢具銀五十三兩七分三釐九毫三絲一忽五微一渺原編解船政同知支銷後該同知奉裁仍行解道

以上共地丁銀三百五十兩九錢六釐六毫三絲一忽五微一渺

存留銀二千一百二十二兩四錢八分一毫六絲六忽奉文徵收存留銀兩彙入地丁起解其應支各款赴藩庫請發轉給仍于嘉慶四年奉文應給存留銀

兩畱縣
支給內
司存畱銀六十九兩一錢四分九釐一毫內
布政司解戶役銀三十兩
戰船民六料銀三十九兩一錢四分九釐一毫
以上共地丁銀六十九兩一錢四分九釐一毫
府縣存畱銀二千五十三兩三錢三分一釐大絲六忽
內
本縣拜賀
習儀香燭銀四錢八分
本縣致祭

文昌帝君銀二十兩係動支地丁　題銷冊內仍于起運項下造報

本縣致祭

關聖帝君銀六十兩係動支地丁　題銷冊內仍于起運項下造報

本縣致祭厲壇米折銀六兩係動支地丁　題銷冊內仍于起運項內造報

本縣祭祀銀一百五十六兩文廟釋奠二祭共銀六十兩　崇聖祠二祭共銀一十二兩　社稷山川壇各二祭共銀三十二兩　邑厲壇三祭共銀二十四兩　鄉賢名宦祠各二祭共銀一十二兩　清風祠二祭共銀八兩　陳公祠二祭共銀八兩　其餘剩銀一十七兩二錢六分每年解收司庫撥補不敷　祭祀之用實給銀一百三十八兩七錢四分其餘剩銀兩實給數目分晰註明仍于地丁　題銷冊內存留項下造報

文廟香燭銀一兩六錢

迎春芒神土牛春酒銀二兩

本府庫子四名銀二十四兩

通判門子二名銀一十二兩

本縣知縣經費銀五百六十三兩四錢俸銀四十五兩內攤扣荒欽銀

八兩四釐每年解司充餉實該銀三十六兩九錢九

分六釐其攤荒銀兩實該數目分晰註明仍于地丁

題銷冊內存留項下造報　門子二名銀一十二

兩　皁隸一十六名銀九十六兩　馬快八名每名

工食銀六兩　陸路備馬製械水鄉打造巡船以私

緝探銀一十兩八錢共銀一百三十四兩四錢此係

原編數目內給馬快工食銀四十八兩批解藩庫銀

八十六兩四錢抵給將軍都統各衙門各役工食等

項一切之用共該前數　民壯二十三名銀一百三

十八兩　禁子八名銀四十八兩　轎傘扇夫七名

銀四十二兩　庫子四名銀二十

四兩　斗級四名銀二十四兩

典史經費銀六十七兩五錢二分俸銀三十一兩五錢二分　門子一名銀六兩　皁隸四名銀二十四兩　馬夫一名銀六兩

本縣儒學經費銀一百八十五兩九錢二分訓導俸銀三十一兩五錢二分　齋夫三名每名銀一十二兩共銀三十六兩　廩糧銀六十四兩　廩生膳銀四十兩　門子二名每名銀七兩二錢共銀一十四兩四錢

儒學加俸銀四十八兩四錢八分係動支地丁　題銷冊內仍于起運項下造報

驛站經費銀二百九十一兩三錢二分本縣均平夫四十名每名工食銀七兩二錢該銀二百八十八兩　夫頭一名工食銀三兩三錢二分共該前數係動支地丁　題銷冊內仍于起運項下造報其小建銀兩每年扣收彙入地丁解司充餉

協濟新昌縣經費不敷銀一百三十六兩九錢六分一釐六絲六忽

鄉飲酒禮二次銀八兩

歲貢生員路費旗匾花紅酒禮府銀七錢五分　縣銀三兩以上府縣歲貢銀兩每年解司充餉其應支銀兩在于地丁項下撥給

看守公署門子丁食銀一十八兩九錢布政司分司二名　按察司分司一名　府鋪一名每名銀三兩六錢　三界公館一名銀四兩五錢

衙要三鋪司兵工食銀一百三十五兩上官鋪　諸林鋪　天姥鋪各五名每名銀九兩

偏僻五鋪司兵工食銀一百四十四兩縣前鋪　五里鋪　仙巖鋪

禹溪鋪　八里鋪各鋪四名每名銀七兩二錢

孤貧四十名布花木柴銀二十四兩每名年給銀六錢

孤貧四十名口糧銀一百四十四兩原編本色米七十二石折色銀七十二兩　順治十四年改米徵銀充餉每米一石徵銀一兩　康熙三年復給孤貧共該前數　每名歲支銀三兩六錢　以上孤貧柴布口糧每年小建銀兩解司充兵餉

以上共地丁銀一千九百六十三兩六錢二分四毫一絲六忽孤貧口糧米易銀七十二兩不入田畝外賦銀一十七兩七錢五釐六毫五絲

存留米四十五石三斗五升四合八勺九撮九圭六粟內

康熙六年丈量陞科米一石九斗二升八合六勺六抄八撮九圭

康熙三十一年陞科米一合二勺九抄

康熙三十三年陞科米四升九合七勺一抄五撮六圭

雍正七年陞科米七合六勺一抄一撮

雍正十一年陞科米四斗七升四勺七抄四撮一圭

雍正十二年陞科米二斗八升二合二勺九抄九撮三圭

乾隆元年陞科米一石一斗四合七勺八撮七圭

乾隆八年陞科米四斗三升二合一勺八抄九圭六粟

乾隆十七年陞科米七斗四合九勺九抄七撮九圭
乾隆二十八年陞科米五斗五升八合九勺六抄九撮
九圭
又加陞米八斗六升二合三勺四抄七撮八圭
乾隆三十五年陞科米一斗四升四合六勺九抄七圭
又加陞米一斗二升九合七勺四抄八撮二圭
乾隆三十八年陞科米一斗八合一勺四抄五撮
又加陞米一石八斗二升九合一勺九抄四撮二圭
乾隆三十九年陞科米一斗一合三勺三抄八撮一圭
乾隆四十年陞科米一斗七合八勺五抄三圭

又加陞米一升九合七抄九撮一圭

乾隆四十一年陞科米四合五勺九抄六撮七圭

又加陞米一斗一升七合二勺八抄二撮五圭

乾隆四十六年陞科米七升三合四勺九撮六圭

乾隆五十一年陞科米一斗二合六勺六抄二撮五圭

又加陞米一斗三升七合二勺四撮四圭

嘉慶元年陞科米七升六合三勺八抄九撮五圭　縣

董四口糧米三十六石

地丁加閏銀三百九十三兩五錢七分三釐一毫八絲

一忽四微一塵二渺九漠一埃四纖八沙　又驛站

新加閏銀一百三十兩五錢八釐一毫五絲二忽四微九塵九渺九漠九埃九纖六沙共銀五百二十四兩八分一釐三毫三絲三忽九微一塵二渺九漠一埃四纖四沙

外賦不入地丁科徵本縣稅課局課鈔銀一兩四錢七分五釐四毫（原係市鎮鋪行出辦歸經費用今歸入地糧編徵）

統共額徵加閏銀五百二十五兩五錢五分六釐七毫八絲三忽九微一塵二渺九漠一埃四纖四沙（每兩徵耗羨銀五兩五分）該銀二十六兩二錢七分七釐八毫一絲九忽一微九塵五渺六漠四埃五纖七沙

地丁加閏米一百石

起運折色加閏銀四百五兩七錢九分五釐一毫五絲

戶部折色銀六兩三錢五分五毫一絲二忽五微一塵

七渺九漠　路費銀六分四釐二毫六忽一微五塵二漠一埃四纖八沙

工部折色銀一十六兩三錢七分四釐三毫六絲一忽

六塵九渺八漠　路費銀二釐一毫九絲

順治九年舊編裁剩解　部鹽捕抵課并滴珠銀一兩

五錢一分五釐

順治九年裁扣銀一十九兩三錢　本府知府倉庫書庫子銀一兩四錢通判門子燈夫銀四錢　本縣知縣書門皁隸馬快民壯燈夫禁卒轎傘扇夫倉庫書庫子斗級銀一十六兩一錢　縣丞書門皁馬銀七錢　典史書門皁馬銀七錢

順治十五年裁優免銀一百九十五兩五錢九釐三毫八絲七忽八微三渺四漠二埃

康熙元年裁吏書工食銀八十四兩 本縣知縣吏書銀七十二兩 縣丞書辦銀六兩 典史書辦銀六兩

康熙元年裁提學道歲考心紅等銀一十八兩六錢 原編提學道歲考生員試卷果餅激賞花紅紙劄筆墨并童生果餅進學花紅府學銀一十兩 縣學銀二十五兩 考試搭蓋篷廠工料銀二兩二錢除順治十四年裁半外今裁前數

康熙二年裁倉庫學書工食銀三十一兩二錢 本府知府倉書銀六兩 庫書銀六兩 本縣知縣倉書銀六兩 庫書銀六兩 學書銀七兩二錢

康熙三年裁教職經費銀六十五兩一錢二分 本縣教諭俸銀

三十一兩五錢二分　喂馬草料銀
一十二兩　門子銀二十一兩六錢
康熙三年裁齋夫銀三十六兩
康熙八年裁驛站銀一百三十二兩　經臨中伙宿食銀
五十兩　公幹官
員心紅紙劄油燭柴炭銀二
十二兩　門皁銀六十兩
康熙十四年裁扣銀一百九十五兩五錢六分六釐一
毫四忽二微八塵九渺六漠　司備用銀七十七兩七
錢二分五釐四毫一絲
知縣心紅銀二十兩　修理倉監銀二十兩　知
府修倉備辦刑具銀一十三兩五錢九分六毫九絲
四忽二微八塵九渺六漠　儒學喂馬草料裁半銀
六兩　季考生員試卷果餅花紅紙劄筆墨裁半府
銀二兩　縣銀五兩　修理府縣鄉飲祭祀新官到任
齋宿幕次器皿什物各經過公幹官員轎傘等銀三
兩二錢五分　修理官
船水手銀四十八兩

雍正三年裁憲書紙料銀一錢五分九釐六毫
雍正六年裁扣銀三兩六錢本府通判燈夫銀一兩本縣燈夫銀二兩　東關驛館夫銀六錢
雍正十二年裁扣民壯工食銀八兩五錢
乾隆十二年裁扣民壯工食銀五兩
嘉慶七年裁編設　臬司衙門驛站歸起運充餉銀六十六兩九錢三分三釐三毫三絲三忽三微三塵三渺三漠三埃三纖四沙原編銀六十九兩三錢九分九釐九毫九絲　除協濟龍游江山常山三縣銀一十兩四錢一分六釐六毫六絲抵解兵餉　新加本府各驛銀一百三十兩五錢八釐一毫五絲二忽四微九塵九渺九漠九埃九纖六沙　順治十四年裁里馬銀一兩四錢六釐六毫

六絲六忽　康熙三十一年歸入地丁項下充餉
本府各驛銀八十七兩五錢七分四釐八毫一絲九
忽一微六塵六渺六漠六埃六纖二沙　養膳應差
夫銀一十兩四錢七分六釐六毫六絲四忽　差馬
銀二十二兩五錢　雍正六年裁東關驛館　本府各
夫銀六錢編入裁扣項下外實該前數內
驛銀四十二兩三錢三分三釐三毫三絲三忽三微
三塵三渺三漠三埃三纖四沙係驛站新加養膳應差夫
四十名撥差夫頭一名共銀二十四兩六錢原編四十二兩
三分三釐三毫三絲除協濟常山縣銀六兩二錢五
分抵解兵餉　順治十四年裁里馬銀七錢六釐六
毫六絲六忽　康熙三十一年歸入地丁項下充餉實
應差夫銀一十兩四錢七分六釐六毫六絲四忽實
該前數應差夫四十名
夫頭一名每名銀六錢
兵餉銀一百一十三兩一錢四分一釐五毫一忽六微

七塵五渺原編銀一百五十一兩二錢六分一釐五毫一忽六微七塵五渺除編入存留項下驛站經費銀二十四兩六錢孤貧加閏銀一十三兩五錢二分實該前數

以上共地丁銀四百一十九兩三錢一分五釐一毫五絲三忽九微一塵二渺九漠一埃四纖四沙

鹽課加閏解歸藩司充餉

鹽院完字號座船水手銀八分三釐三毫三絲係地丁編徵

漕運加閏糧儲道專轄

隨漕本色月糧給軍米一百石每石折徵銀一兩二錢該徵銀一百二十兩

存留加閏銀一百一十九兩六錢七分八釐三毫隸入地丁

起解其應支各款赴藩庫請發轉給
仍于嘉慶四年奉文留縣支給內

本府知府庫子四名銀二兩

本府通判門子二名銀一兩

本縣知縣經費銀四十三兩二錢 門子二名銀一兩 皂隸一十六名銀八
兩 馬快八名每名工食銀五錢陸路備馬置械水
鄉打造巡船以司緝探銀九錢共銀一十一兩二錢
此係原編數目內給馬快工食銀四兩批解藩庫銀
七兩二錢抵給將軍都統各衙門各役工食等項一
切之用共該前數 民壯二十三名銀一十一兩五
錢 禁子八名銀四兩 轎傘扇夫七名銀三兩五
錢 庫子四名銀二兩
斗級四名銀二兩

典史經費銀三兩 門子一名銀五錢 皂隸四名
銀二兩 馬夫一名銀五錢

儒學經費銀七兩五錢三分三釐三毫 齋夫三名每名
銀一兩共銀三

兩廩生膳銀三兩三錢三分三釐三毫
門子二名每名銀六錢共銀一兩二錢
驛站經費銀二十四兩六錢本縣均平夫四十名每名工食銀六錢該銀二十四兩夫頭一名工食銀六錢共該前數係動支地丁題銷冊內仍于起運項下造報其小建銀兩每年扣收彙入地丁解司充餉
看守公署門子工食銀一兩五錢七分五釐布政司分司二名按察司分司一名府館一名每名銀三錢三界公館一名銀三錢七分五釐
衝要三鋪司兵工食銀一十一兩二錢五分上官鋪諸林鋪天姥鋪各五名每名銀七錢五分
偏僻五鋪司兵工食銀一十二兩縣前鋪仙巖鋪五里鋪禹溪鋪八里鋪各四名每名銀六錢

孤貧四十名應給加閏銀一十三兩五錢二分每名銀三錢三分八釐

以上共地丁銀九十一兩一錢六分二釐八毫五絲

不入田畝外賦銀一兩四錢七分五釐四毫五絲

外賦

學租銀一十兩七錢九分五釐每年照數徵輸解司轉解學院賑給貧生膏火之用

當稅銀四十五兩當鋪九名每名徵銀五兩另款解司充餉仍于每年春季查明造冊報部輸除

牙稅銀二十六兩八錢上則牙戶一十九名每名徵銀八錢該銀一十五兩二錢中

則牙戶一十名每名徵銀六錢該銀六兩　下則牙戶一十四名每名徵銀四錢該銀五兩六錢共該前數另款解
司充餉

契稅每買產銀一兩徵税銀三分

牛稅每兩徵稅銀三分以上契稅牛稅二款歲無定額每年儘收儘解造報　題銷另款解司充餉

以上謹遵嘉慶十九年
部頒賦役全書載入

附鹽

嵊無場竈所食鹽例由商人從上虞縣曹娥場票運每歲額銷五千引兼銷新昌縣五百引雍正間李宮保衛總督浙江時有引額不敷聽詳請增銷之文自是歲無定額乾隆李志　又按乾隆李志云舊志稱自宋元明初坐派錢清曹娥三江石堰四場

鹽又稱昔以甯海縣鐵場巡司鹽運至本縣東北鄉住賣天台縣淸溪鎮鹽運至本縣西南鄉住賣路途阻遠販運爲艱各鄉不能接濟嘉靖四十一年舊任知縣陳宗慶在京呈請巡按請開曹娥等場私鹽之禁使民得食上虞會稽產鹽與上文向食錢淸等四場鹽之說迥異又不聲明曹娥等場何年奉禁甯海天台等鹽何年坐派殊未明晰

附錄　明陳宗慶在京請巡按疏通鹽禁揭在昔以甯海縣鐵場巡司鹽運至本縣東北鄉住賣天台縣淸溪鎮鹽運至本縣西南鄉住賣路途阻遠販運爲難故各鄉不能接濟而上虞曹娥場會稽長亭場地近而舟楫可通價平而貿易自便故是時陳明府呈揭議畧云合無除私鹽之禁使嵊民得食上虞會稽產鹽近奉印發行鹽小票每票一張稅銀二分召民給領往曹娥長亭二場照買銀解運司其稅銀卻不與商人大票九分一例然給票有限法非大行猶不免於阻抑今計通縣歲報人戶計口該食之鹽不下三十餘萬觔若于曹娥等場開禁許商人販至嵊境令本縣民轉販每一百觔照例納銀二分官民兩便

查照台州府先年食鹽亦有重禁該府顧知府申議將中津橋地方立掣鹽所委官逐月掣放每鹽百觔稅銀二分有船載者依數納稅台民至今利之本縣實與台州事例相同伏乞憲臺俯順民情云云又功令之禁私鹽非不嚴矣而奸徒罔不畏法者弊約有二一則驅儈販鹽攤挐小戶逼索重售及至敗露又將平日索詐不遂及不合者通拔作犯以恣報復以卸已罪更有甚者遇巡方巡都搆通上下積蘇將平人揑名拿訪陷罪追贓每至傾家殞命而驅儈倖免欲其不貿私鹽得乎一則商人將屯嵊額引之鹽私貨天台東陽兩路百十成羣運艕載販以致鹽竭價騰官鹽價高則私鹽價平小民惟利是趨欲其不貿私鹽得乎當事君子宜痛懲焉

附鹽灰壅田

嵊邑田瘠土淡田禾必須鹹物培壅始能發秀但本地並無煎鹽場竈全賴各客從沿海竈舍採買盤邊泥

塊謂之鹽灰裝簍運嵊發賣農民有錢現買否則于春季賒貸秋成抵償由來已久其盤泥秤二十觔試煎鹽得苦味黑色鹽三觔不堪食用田苗非此不茂若用瀝過泥渣毫無鹹氣仍屬無用此地土使然也

乾隆三十二年間詳憲出示立碑存案乾隆三十二年閏七月二十七日鹽驛道徐詳文本道核看得灰客周晃販買鹽盤一案緣嵊邑山水性淡非鹽灰培壅禾苗不能發秀故盤簍一項爲農民壅田必需之物嵊邑並無場竈各處灰客在于沿海各場竈販運裝簍到縣就厰貨賣其鹽盤即係盤簍查紹屬各場竈鹽簍編竹削篾爲盤上下塗泥曬乾煎燒鹽粒廢壞即係土塊賣與農民壅田應用不等其色甚黑非獨周晃陳履泰二處厰內販賣即各處灰厰每簍均有夾雜從前向無例禁已據前縣將鹽盤秤稱二十觔試煎得鹽三觔其色黑其味苦不堪食用而嵊邑鹽價每觔賣

錢六文又鹽盤每觔賣錢二文以試煎之鹽簍二十觔核算價四十文僅得鹽三觔即使其色不黑其味不苦亦僅值錢十八文至愚之人安肯舍多就少是以鹽盤歷無例禁至行運地方作何稽察之處因嵊田不培壅鹽灰非自今始歷無夾帶犯案已有明徵在私販之徒無物不可夾帶若必按物定條轉恐挂一漏百責成牙埠稽查此輩中頗少善良勢必勒索陋規徒增灰價農民受累以歷無犯私之事請免滋事之端已據該府核議明確似無遁飾應如所請毋庸置議至奉批飭議縣捕等封貯一節本道復加查核該縣田不需壅鹽灰由來已久從前並無拿獲之案今歲值前縣公出該縣捕混拿封貯訴禀該縣之報憲臺批府行查今據該府復查明確從無例禁之條則陳俊汪元明有需索不遂混禀情弊若如該府縣所議從寛姑息恐啟索詐之風誠如憲批何得混拿封貯殊屬不法應請飭府提捕汪元陳俊照不應重例責懲以儆索詐庶農民商客不致受其擾累是否允協理合詳候憲臺察核示遵為此備由詳同原批詳呈乞照詳施行蒙鹽部院熊批如詳　三十三年二月二十四日前縣莊告示照得嵊邑田土性寒

民間播種禾苗俱賴鹽灰培壅是以山會及本地人民販運至嵊貨賣卽或帶有盤篰竈牆不過希圖價貴覓利並無滷煎鹽之弊此係因地制宜自應順從民便查上年鹽捕陳俊等拿獲周晃鹽盤一案業經前任將應否飭禁之處詳請憲示蒙批免禁在案今據周晃稟請給示勒石以垂永遠等情前來合再出示嚴禁爲此仰各埠灰客牙行人等知悉嗣後爾等照常發運公平交易如有不法胥役敢于需索漏規抑勒阻撓者許卽指名稟縣以憑拿究特示道光七年鹽運司多告示爲獲解事道光七年五月初六日奉署鹽部院劉批會稽縣詳盤邊竈泥山田水寒非此培壅不能長發且竈泥復煎成鹽色黑味苦不堪食用請免飭禁等緣由奉批據詳田土寒淡之處非竈泥等項培壅不能長發且竈泥復煎成鹽色黑味苦不堪食用請免飭禁核與乾隆三十二年免禁舊案相符自應免其查禁以利農用仰鹽運司通飭一體遵照繳奉此除通飭遵照外合行出示曉諭爲此示仰農民及應巡兵捕人等知悉所有盤邊竈泥及一切鹹氣凡有益於農田者准其一并買運以利農田應巡兵捕毋得藉阻滋擾倘有不法之徒藉

夾鮮滷白鹽販賣該兵捕等即行
嚴拿解縣究詳各宜凜遵特示